"十四五"职业教育国家规划教材

影视广告创意与制作

编　著　张正学
编　委　段兰霏　咸庆海　陈　雪
　　　　王　檬　陈　思

北京理工大学出版社
BEIJING INSTITUTE OF TECHNOLOGY PRESS

内 容 提 要

本书为"十四五"职业教育国家规划教材。全书共分为五章，包括影视广告品牌，影视广告创意与文案，影视广告拍摄，影视广告剪辑，影视广告摄制流程、综合利用与管理等内容。本书全方位系统地总结了影视广告制作的各个环节，采用了大量的影视广告案例作为理论的解释和注解，通过丰富的案例使抽象的知识形象化，提高了教材的生动性和可学性；案例层次多元化，既有高端案例又有一般性案例，便于初学者进行理解和模仿制作。

本书可作为高职高专院校广告学、新闻传播等专业的教材，也可供从事影视广告工作的人员阅读参考。

版权专有　侵权必究

图书在版编目（CIP）数据

影视广告创意与制作 / 张正学编著. —北京：北京理工大学出版社，2023.7重印
ISBN 978-7-5682-5057-3

Ⅰ.①影… Ⅱ.①张… Ⅲ.①影视广告－广告设计②影视广告－制作 Ⅳ.①F713.851

中国版本图书馆CIP数据核字（2017）第312243号

出版发行 / 北京理工大学出版社有限责任公司
社　　址 / 北京市丰台区四合庄路6号院
邮　　编 / 100070
电　　话 / （010）68914775（总编室）
　　　　　（010）82562903（教材售后服务热线）
　　　　　（010）68944723（其他图书服务热线）
网　　址 / http://www.bitpress.com.cn
经　　销 / 全国各地新华书店
印　　刷 / 河北鑫彩博图印刷有限公司
开　　本 / 889毫米×1194毫米　1 / 16
印　　张 / 8　　　　　　　　　　　　　　　　　　　　责任编辑 / 李慧智
字　　数 / 214千字　　　　　　　　　　　　　　　　　文案编辑 / 李慧智
版　　次 / 2023年7月第1版第5次印刷　　　　　　　　　责任校对 / 周瑞红
定　　价 / 52.00元　　　　　　　　　　　　　　　　　责任印制 / 边心超

图书出现印装质量问题，请拨打售后服务热线，本社负责调换

Preface
影视广告创意与制作

前 言

党的二十大报告指出:"增强中华文明传播力影响力","坚守中华文化立场,提炼展示中华文明的精神标识和文化精髓,加快构建中国话语和中国叙事体系,讲好中国故事、传播好中国声音,展现可信、可爱、可敬的中国形象"。"影视广告创意与制作"这门课程就是以大量的优秀影视广告为范例,深入浅出地讲解影视广告创意设计与制作的方法,给学生以最直接、最实用的学习指导,以便学生更好地传播中国声音,掌握讲好中国故事的技巧,提升展现中国形象的能力。

作为一名传媒高校的教师,我讲授影视广告创意与制作这门课程已经多年。在讲授课程的过程中,我发现学生在学习中存在着几个误区:第一个误区是,有的学生认为影视广告创意与制作课程是电视摄像和非线性编辑课程的合体;第二个误区是,有的学生认为影视广告创意与制作有一个好的创意就行;第三个误区是,有的学生认为只要画面精致就是好的广告。这三种误区都属于"瞎子摸象"式的错误认识,很多学生对于影视广告创意与制作课程的整体性、系统性和复杂性认识不足。为了解决学生的误区,迫切需要一本系统、接地气的教材提供给他们,以便于他们在学习过程中能够全面地思考影视广告的创意和制作。在学习过程中,学生不能仅仅从局部来看影视广告的制作,而应从一个较高的角度考虑这门课程。

要了解影视广告的制作,必须首先了解要拍摄的广告品牌。本书通过案例分析的方式让读者了解品牌的整体策划和宣传,通过了解品牌的整体宣传策略,更深层次地理解影视广告的作用和意义。本书通过广告品牌的故事梳理,还可以为影视广告的文案撰写提供生动的案例。

影视广告创意与文案部分重点讲解了影视广告创意的思路和文案撰写的格式，对于文案撰写的案例学习，学习者可以对照着影视广告品牌的文字部分进行参照学习。

影视广告拍摄、影视广告剪辑部分采用了大量的案例。在这些案例中，既有高端的电影案例，又有网络作品案例，同时还有在校学生拍摄的作品案例。编者之所以选择不同层次的案例，目的就是能够给学习者提供一种模仿拍摄制作的可能性，对于不同层次的学习者，可以选择比自己水平高一个层次的案例进行模仿学习。通过对案例的模仿拍摄制作，学习者的水平会逐渐超过部分案例作品，这对学习者会形成莫大的鼓舞，有助于使学习者继续向更高层次的拍摄水平进发，有层次地进行学习，这也是我们编写这部教材的初衷。

本书很好地将理论与实践相结合，既考虑到了影视广告理论系统的完整性，又考虑到了影视广告实践的可操作性，努力做到既能满足初学者的基本要求，又能为有一定基础的从业者提供有益的参考。虽然我们努力为学习者搜集翔实的案例，进行详尽的知识梳理，但毕竟我们能力有限，书中难免会出现疏漏和不足，希望读者能够给予批评指正。

编 者

Contents 目 录

影视广告创意与制作

第一章　影视广告品牌

第一节　影视广告导论 / 002
　　实训项目 1.1：如何选择广告发布渠道 / 002
第二节　横向广告点设计案例：青岛啤酒的不老传奇 / 003
　　实训项目 1.2：横向广告宣传点的设计 / 015
第三节　纵向广告点设计案例：苏宁 / 016
　　实训项目 1.3：纵向广告宣传点的设计 / 026
第四节　纵横结合的立体化广告案例：可口可乐 / 027
　　实训项目 1.4：纵横结合的广告点设计 / 037
第五节　追求画面意境的广告案例：松下电器 / 037
　　实训项目 1.5：商品功能性优点与画面意境结合点设计 / 52

第二章　影视广告创意与文案

第一节　影视广告创意基本知识 / 054
　　实训项目 2.1：如何故事化讲述商品的优点 / 056
第二节　影视广告微电影文案 / 056
　　实训项目 2.2：如何设计三段式结构的故事 / 066
第三节　影视广告分镜头 / 067
　　实训项目 2.3：如何为商品故事设计分镜头 / 077

第三章　影视广告拍摄

第一节　影视广告拍摄基础 / 080
　　实训项目 3.1：如何拍摄商品广告 / 083
第二节　影视广告拍摄常见问题 / 084
　　实训项目 3.2：如何运用轴线规律拍摄商品广告 / 096

第四章　影视广告剪辑

第一节　蒙太奇与剪辑 / 099
　　实训项目 4.1：如何利用连续蒙太奇剪辑商品广告 / 103
第二节　剪辑规律与剪辑技巧 / 103
　　实训项目 4.2：如何利用表现蒙太奇剪辑商品广告 / 114

第五章　影视广告摄制流程、综合利用与管理

第一节　影视广告摄制流程 / 116
　　实训项目 5.1：如何规划商品广告拍摄制作流程 / 117
第二节　影视广告的综合利用 / 117
　　实训项目 5.2：如何在媒体中投放广告 / 118
第三节　影视广告的管理 / 119
　　实训项目 5.3：哪些行为在商品广告中是违法的 / 121

参考文献

第一章
影视广告品牌

※ 第一节　影视广告导论

一、影视广告的基本含义

广告的定义有广义和狭义之分。广义的广告是指有一定目的的信息传播过程和活动，是一种广泛的宣传；狭义的广告是指商业广告，是付费的信息传播形式，其目的在于推广商品和服务，影响舆论，博得广告主所期望的效果。

广告定义的要素包括广告主（广告客户），有偿性，非人员销售推广，大众传媒，商品、观念与劳务，计划性与目的性，广告预算和广告作品。

广告活动的构成要素包括广告主、广告代理、广告媒体、广告费用、广告信息和受众（消费者）。

影视广告的含义：通过电影院或电视台播放的影像与声音结合的广告称为影视广告。

二、影视广告的分类

影视广告根据播放性质可分为电影广告、电视广告（节目赞助广告、插播广告）；根据制作方式可分为电影胶片广告、录像带广告、现场播出广告、幻灯片广告、字幕广告等；根据影视广告性质可分为商业广告（商品广告、企业形象广告、促销广告）、公益广告；根据影视广告诉求方式可分为理性诉求广告、感性诉求广告；根据影视广告生命周期的不同阶段可分为开拓期广告、竞争期广告、维持期广告。

三、撰写或搜集商品品牌宣传资料

影视广告的创意和制作都是建立在商品的品牌上的，所以要成功地创作商品的影视广告作品，就必须了解商品的品牌历史，从中寻找到商品的品牌特点和价值，了解整个商品品牌的历史和整体营销策略。只有了解商家的商品宣传的诉求点和整体的宣传策略，才能了解商家需要表达的商品诉求点。了解商家的战略部署，了解商品的历史变革，了解商品的消费人群，了解商品的特质和独有的价值所在，才能在商品的众多信息中，找到最有价值的闪光点，把最有历史感和现代感的创意呈现出来，把传统和创新有机地结合起来，故影视广告的品牌研究是影视广告创意的基石。

研究商品品牌历史的同时，必须思考三个问题：这个品牌最吸引我的是什么？这个品牌的竞争者是谁？它的优势是什么？

实训项目1.1：如何选择广告发布渠道

1.学习目标

素质目标：培养学生学会接受正能量的信息，并过滤负能量的信息。

能力目标：培养学生自主选择广告投放的能力，以及进行信息甄别的能力。

知识目标：了解广告分类的相关知识。

2.项目描述

学生自主选择感兴趣的一件商品，选择推广商品的三个媒介，并比较推广效果。

3.任务实施

第一步，选择自己要推广的商品。第二步，选择推广商品的三个媒介。第三步，根据广告发布的渠道或媒介，选择商品广告的宣传形式。第四步，将制作好的宣传文字、图片或视频放到三种媒介中。第五步，广告投放一周的时间，通过浏览量或购买量等量化指标，比较三种媒介的传播效果。

4.项目测验

通过比较，从三种媒介中选出你认为传播效果最好的广告媒介。

5.反思总结

思考并总结广告传播中最重要的因素是什么，用300字左右阐释你的观点。

第二节　横向广告点设计案例：青岛啤酒的不老传奇

案例点评：青岛啤酒的广告案例采用横向广告点的设计思路，分别从青岛啤酒的品质、经营、销售和企业文化四个方面阐释出青岛啤酒的优秀特质，进而让消费者从四个横向剖面全面了解青岛啤酒。横向广告点设计是广告设计中经常使用的一种表现方式（图1-1、图1-2）。

图1-1　青岛啤酒广告

图1-2　青岛啤酒股份有限公司历史照片

国际著名啤酒企业百威啤酒的高管在评价青啤（青岛啤酒股份有限公司）人的学习能力时说，青啤人就像海绵，只要是和提升产品品质、改善企业管理水平相关的知识经验，青啤人都会如饥似渴地学习、消化、吸收，并运用到自身成长的各个环节，在竞争白热化的啤酒市场中，超越对手。

2011年，青岛啤酒以502.58亿元的品牌价值再次蝉联中国啤酒的第一品牌，成为唯一跻身世界品牌五百强的中国啤酒品牌。2012年，《哈佛商业评论》发表了哥伦比亚大学商学院教授塔·甘瑟·麦克格莱斯的研究报告——《企业如何稳定增长》。报告中指出，在全球2 347家市场资本总额超过10亿美元的上市企业中，仅有10家企业实现了在长达10年的时间中始终保持5%以上的增长率，而青岛啤酒股份有限公司就位列其中。它是唯一一家登榜的中国企业，也是其中创立时间最长的企业。在追求跨越式发展和爆炸式增长的今天，青岛啤酒股份有限公司显得弥足珍贵。

1903年，德国人将西方的啤酒带到了美丽的滨海城市——青岛，创立了"日耳曼啤酒公司青岛股份有限公司"，这就是青岛啤酒股份有限公司的前身。一个多世纪以来，青啤历经岁月的变迁，始终站在行业的尖端。

一百多年来，青啤根植于区域文化的土壤，坚守着对品质的信仰，书写出一部百年品牌的不老传奇。然而，当我们回看这一进程时，不禁发问：青啤是如何焕发品牌青春的？其背后又有哪些战略取舍？什么样的运营机制能够确保企业做到基业长青？

一、像雕琢艺术品一样生产啤酒

一位徒弟正在刷洗发酵池。

老师傅问："你爹喝啤酒吗？"

徒弟答："喝。"

老师傅说："那你就仔仔细细地好好刷这个池子，它就是你爹的酒壶。"

这样一段简短的问答道出了青啤人对品质的追求。在青啤，品质是超越一切的"圣经"，是一种宗教、一种信仰。

（一）卓越的品质基因

麦芽、酵母和酿造技术是决定啤酒品质的关键性因素。青岛啤酒选用的是从法国、澳大利亚和加拿大等地进口的大麦，这些大麦色泽均匀、颗粒饱满、溶解性好，是目前世界上最优质的酿酒用大麦。尽管如此，青啤还是建立了一套科学严谨的监测系统，实行"一票否决制"，从品种、种植、收获、运输到储存的每个环节都要进行严格的检测，一颗抽样不合格，整批大麦就会被全体拒之门外。另外，青啤首创的"品麦师"也是其中的重要一环。他们凭借着优于精密仪器的灵敏度，观"麦色"、闻"麦香"、品"麦味"，发现麦汁中细小的差别和问题，并通过改进使麦香得到提炼和升华。

优质的麦芽是高品质啤酒的基础，而酵母则是啤酒的灵魂，正是这个直径不足百分之一毫米的古老微生物赋予了青岛啤酒与众不同的口感和独特的风味，成为青啤极为重要的品牌资产。1903年，德国人将纯正、优良的酵母带到了青岛，一个多世纪以来，十几代青啤人精心培护，使这个微小的生物始终保持着纯正的德国血统。由于酵母有着自己的生命周期，而且繁衍过程中极容易发生基因变异或者混入其他微生物和杂质，因此，青啤人一直像培育婴儿一样培育着酵母。20世纪50年代，青啤委托具有国际水平的专业研究所同时保存酵母，并每年与生产现场的酵母进行比对，通过筛选和扩培保证酵母的纯正。随着科学技术的不断进步，青啤建立了功能齐全的酵母菌种库和科研中心，为酵母的保存和优选提供了有力的保障。如今，各地生产青岛啤酒所使用的酵母都是由科研中心的菌种库统一发放的。正是这种精益求精的精神使得青啤的百年酵母依然如初，品质上乘。

除了优质的麦芽和百年的酵母，青啤的酿造工艺更是成就其金牌品质的关键因素。可以说，从原料采购、发酵到质量检测等各个工艺环节，青啤都处于行业的领先地位。麦芽的焙焦温度是影响啤酒麦香的重要因素。青啤在保证色度标准的情况下，提高了焙焦的温度，使麦芽的香味最大限度地散发了出来，仅仅几度的微差也需要深厚的制麦功底和强大的技术支持为后盾。然而，这也只是青啤精湛酿造工艺的冰山一角。在发酵环节，青啤始终坚持超低温、长时间的自然发酵工艺，尊重了酵母自然的生命历程和成长规律，使啤酒中该挥发的物质得到了充分的挥发，精准地控制了高级醇的含量，与快速发酵相比，超低温、长时间的发酵虽然产量低、成本高，但它完整地保留了啤酒的原始风味，且不易上头，更加自然和健康。正是这种对"慢"的坚持，才使得青啤始终领跑中国的啤酒业。

对于质量监测，青啤更是严谨、苛刻，前期的制麦环节共有1 115个监测点，而从酿造到包装又要经过1 800个监测点的检测。这期间，由"品麦师""品水师"和"品酒师"共同组成的高水平的品评团队发挥了不可替代的作用（图1-3）。每隔两小时，青啤的"品水师"就会对酿造用水取样品尝，从水的软硬程度到酸碱度，甚至矿物质含量的微小差别都要经过精准鉴定。另外，每一滴酿造用水都要经过7级处理和50多项指标的严格检验，以保证水质的纯正和统一。而"品酒师"则不仅仅要品评啤酒的口味和口感，还要对所有与啤酒有接触的东西逐一进行品评，甚至包括瓶盖的内垫和包装罐都要用水浸泡，以品尝其中是否有异味。在包装环节，"验瓶机"会给每一个瓶子拍摄3张照片，然后与系统中存储的标准瓶数据进行对比，任何一个微小的差别都会被挑拣出来，使其成为报废瓶。最后，青啤会把每条生产线每日生产的产品

图1-3 青岛啤酒品酒师团队正认真准备品酒工作

分别留样，定期品评，以保证其在销售期内的质量。百年来，青啤像雕琢一件艺术品一样地生产啤酒，正是这种精雕细琢造就了青岛啤酒的卓越品质，成就了其不变的香醇。

（二）口味一致性工程

卓越的品质基因，技艺精湛的"品水师""品麦师""品酒师"以及严苛的质量监测造就了永恒的经典——"青啤味道"。然而，随着国内啤酒市场的迅猛发展，青啤走上了快速扩张的道路，如何保证全国50多家工厂都能生产出"青啤味道"、保持口味的一致性成了青啤品质面前的一道难关。

2002年10月，青啤与美国的AB公司缔结了"战略联盟"，"口味一致性"成了双方交流的第一个项目。摆在青啤面前的第一个难题就是，如何将"口味"这一看似感性的指标进行量化和标准化，同时还要具有极强的可操作性，方便各个工厂执行。为此，青啤制定了细致入微的评价指标，从原料、水质、配方到技术都要进行量化评价。在这一过程中，青啤开发出了214种物质的定性分析方法和174种物质的定量分析方法，确立了青岛啤酒的"啤酒风味指纹图谱"，被专家称为"青岛啤酒的DNA"。目前，该技术已经成为青啤自主知识产权的核心内容之一，不仅填补了国内啤酒业的空白，更是达到了世界领先水平，并获得了我国啤酒行业的首个"国家科技进步二等奖"。

可以说，"青岛啤酒的DNA"就像一张大网，全面、具体地网罗了青岛啤酒的每一个细微的特点，网上的每一个节点就是青岛啤酒的一个特征值，这些特征值都是专家们利用各种世界级的先进分析仪器，在对大量的青岛啤酒进行长期跟踪的基础上得到的，它们共同构成了"青啤味道"的DNA图谱。"青岛啤酒DNA"的发现使原本复杂的酿造过程变得清晰可控，精确、有效地保证了每一瓶青岛啤酒口味的一致性。

除此之外，青啤还对所有工厂实行了许可证制度，投入巨资整合各工厂的硬件和软件，不达标者一律不颁发许可证，不得进行生产。"口味一致性"的创新不仅化解了青啤的品质风险，稳固了青啤的品牌价值，更为青啤的国际化之路奠定了坚实的基础。

（三）从"大质量观"到"大品质观"

随着市场环境的变化和青啤的不断发展，青啤人越来越深刻地体会到制造环节的高质量只是品质的一个方面，局限于对品质的不断追求显得过于狭隘，为此，青啤提出了"大质量观"的概念，即强调整个供应链体系的全质量管理，包括制造环节质量、物流环节质量和消费环节质量。在制造环节，青啤建立了质量管理体系、食品安全管理体系和环境管理体系，并将这些体系进行了有机结合，互相促进，持续改进。在物流环节和终端，青啤形成了一个产销协同的中枢系统，实现了订单、发货、运输和补货等步骤的信息一体化，保证了产品在物流环节的快速流通，减少了二次搬运，同时也减轻了产品外包装的损失，提高了产品的新鲜度。在消费环节，青啤建立了完整的质量保障体系，包括饮用指引和售后服务两部分，将青岛啤酒的最佳饮用和储藏方法传达给消费者，并为广大的消费者和经销商提供了更为方便和快捷的服务。

实行对整个供应链的质量管理，体现了青啤对品

质认识的一个飞跃。然而,随着啤酒市场竞争的日趋激烈和市场化程度的不断提高,青啤逐渐由生产导向型向市场导向型转变,随之而来的是青啤品质观的又一次飞跃。

市场意识的提高使青啤认识到消费者的认同和喜爱才是品质的最高标准。为此,青啤进行了全方位的市场调研,了解消费者不断变化的口味需求,适时地调整酿造工艺从而调节啤酒的口味,树立了"大品质观"的观念。这一观念集中体现在青啤品类的不断创新上。十几年前,为了满足消费者对柔和、清淡和新鲜的啤酒的喜好和需求,青啤推出了纯生啤酒(图1-4),受到了消费者的广泛好评。2007年,当复古成为一种潮流,青啤又推出了传统德国风味的奥古特啤酒(图1-5),"奥古特"这个名字取自1903年青啤建厂时的第一位德国酿酒师的名字,为这款啤酒增添了几分传统和经典的韵味。2012年,当健康成为一种时尚,青啤再一次抓住时机,推出了一款颠覆性的产品——"青岛0.00"(图1-6)。该产品被称为啤酒风味饮料,拥有与啤酒一样的口感和色泽,但绝对不含酒精,且含有大量的膳食纤维,能够维护肠道平衡,帮助肠胃消化,同时还有降低血脂的功效。

图1-5 青岛啤酒奥古特广告

图1-4 青岛纯生 激活人生

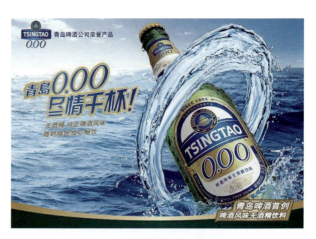

图1-6 青岛0.00 尽情干杯

(四)做专家,不做杂家

"中国人做什么事都求大求量,很少求质求强,中国企业家更多关注大的总量指标,而很少关心企业发展质量的指标,因此,往往做大的时候就是企业死亡的时候。"青啤的前任董事长金志国说。

因此,青啤选择了专业化的道路,秉承着"好人做好酒"的司训,将全部精力集中于做啤酒这一件事上,立志要做大做强,做精做深,成为中国啤酒工业的标杆和行业的领跑者，成为令世界尊敬的企业。这是一种使命，更是一份责任，因为青岛啤酒所代表的不仅仅是青啤公司，它的品牌价值早已超越了其产品本身，成为世界认识中国的一个窗口，也已然是中国走向世界的一张名片。

二、战略取舍考验企业经营智慧

每到一个革命关口，青岛啤酒总会有一个变化。青啤牢牢把握住企业基业长青的秘诀，到该变革的时候，外因与内因一起作用，转身进行一次自我革命，及时更新。

——王瑞永

（一）"三个转变"跳过规模陷阱

1993年，股份制改革前，青岛啤酒的年产量始终徘徊在1986年达到的10万千升，市场占有率从1980年的13.6%下降到1993年的1.3%。年产量10万千升的青岛啤酒，40%供出口，60%内销，内销产品采取特供销售，只有在对外宾馆、饭店才有可能喝到青岛啤酒，是当时市场上典型的小众产品。如此规模的产量，在销售上只有两个人，一人开票，一人收钱。这种体制在当时的中国企业中是普遍存在的现象。

1993年股改之后，青啤成为中国首家在沪、港两地同时上市的公司。面对从股市融来的资金，不知怎么花的青啤迎来了世界10强啤酒企业中的4强，外资啤酒企业通过收购迅速进入中国市场。青啤迅速迎战，2001年下半年，顺利实施第一轮扩张之后，青啤的工厂数量激增到40多家，品类多达300多个，产能达到了251万千升。

高速扩张带来的是"大而不强"的局面。2001年，青啤年报显示，现金流连续两年为负。品牌众多，各自为政，总部对工厂的资源调配和协调管理都显得乏力，公司层面的战略目标和工厂层面的具体行动之间存在脱节，难以落地执行。百年青啤遭遇了有史以来从未有过的力不从心。

这期间，青啤人意识到，如果没有清晰的战略规划，盲目收购无疑是致命的。2001年，时任青岛啤酒股份有限公司总裁的金志国临危受命开始对青啤的发展战略做出调整，从原先的"做大做强"开始转向"做强做大"，并提出了"三个转变"的战略转型。

2005年5月，被称为青啤的"遵义会议"在崂山召开，青啤组织变革的框架最终确定。这次会议从根本上明确了从"啤酒酿造商"向"品牌运营商"转变，大胆地进行了组织结构的调整。这次会议的意义是完成了青岛啤酒的"三个转变"：由生产导向型向市场导向型转变；由经营产品向经营品牌转变；由着力于生产规模扩大向着力于运营能力提高的转变。以这"三个转变"为目标，青啤在经营模式上进行了全面的转型和创新。

此后，青啤放缓了收购速度，专心企业内部经营管理。为此，青啤在2007年成立了制造中心和营销中心，让严谨的制造思维和发散性的营销思维各自获得充分的施展空间，并按照国际化大公司的发展路径，在战略、管理、市场、人才和经营等方面进行深度挖掘，从市场、品牌、财务等多层面进行高度整合，以提高企业的核心竞争力，强化"做强"基础上的"做大"。

随着全球啤酒行业市场竞争水平的提升，青啤全面提升了系统竞争力。青啤提出："未来竞争一定不是企业单打独斗的竞争，而是价值链的竞争，系统力的竞争。"

（二）"1+1"的品牌结构

要"做强"品牌，"做大"市场，就要增强品牌力，只有将品牌资源进行优化配置，才能形成有效的品牌力，从而拉动消费，做大市场。

2002年，青啤旗下共有150多个子品牌和1 000多个啤酒品种，它们定位模糊，资源分散，缺乏统一的品牌规划，无法形成合力，也不利于提升青啤的品牌价值，扩大市场占有率。针对这一状况，青啤提出了"1+1"的品牌结构：第一个"1"是青岛啤酒这个主品牌，主攻中高端消费市场，并针对不同消费者的口味需求，形成差异化的产品品类；第二个"1"作为低端消费市场的主打产品存在着区域化的特性。因此，青啤采取了循序渐进的整合方式。到2005年年底，青啤将旗下的百余个品牌整合为"1+5"的品牌结构，即在青岛啤酒这个主品牌的带动下，根据国内啤酒市场的地域特征着力打造了5个区域品牌，分别为陕西一带的"汉斯啤酒"，山东一带的"崂山啤酒"（图1-7），徐州一带的"彭城啤酒"，广东一带的"山水啤酒"和福建一带的"大白鲨啤酒"。一年后，青啤在此基础上进一步将"1+5"的品牌结构调整为"1+3"，即在保持青岛啤酒这个主品牌地位不变的基础上，将"山水啤酒""汉斯啤酒"和"崂山啤酒"这三个较为成熟的区域性品牌作为占领低端市场的二线品牌。2007年，青啤开始将资源整合到青岛啤酒和山水啤酒两个品牌上，形成名副其实的"1+1"的品牌结构,满足多层次、差异化的消费者需求,有效地提升了品牌竞争力。

图1-7　好啤酒　敬好朋友

(三)双向国际化的营销模式

一个品牌,想要获得持续发展的力量,必须保持新鲜的想法和前进的动力,故步自封绝对行不通。青啤很早就确立了国际化的发展目标,并一步步从内部国际化向外部国际化转型,提升了企业品牌的保鲜力(图1-8)。

图1-8　青岛啤酒国际广告

1. 内向国际化

经过对自身实力的精准判断和对未来发展的长远规划,青啤提出了独特的"国际化"概念——"中国就是国际化",坚定地走上了"内向国际化"的道路。

2002年10月,青啤与美国的AB公司结成战略联盟,规定通过三批可转换债券,AB公司最终将持有27%的青啤股票,拥有20%的股权的表决权,成为仅次于青岛市国资委的青啤第二大股东。这个协议是排他性质的,双方紧紧绑在一起,战略部署、技术资源、营销手段、资金股票等,各类战略资源都是双方共同享用。战略联盟建立之后的10个月,双方就启动了五大模块的"最佳实践交流活动",包括财务、人才、质量、战略和市场,开始了企业内部国际化改造的过程。为了保证国际化思想的落地实施,在青岛啤酒科研中心成立了"最佳实践交流活动中心",还设置了相关办公室,主要负责两个企业活动交流的实施与评估。同时,AB公司也在青啤设置了青岛代表处,并派驻了国际首席执行官和亚洲公司财务及计划副总裁,以非执行董事和监事的身份进驻青啤,为交流活动的实施提供了领导层级的保障。

在与AB公司的合作中,青啤凭借卓越的学习能力,将AB公司的精髓完全吸收内化:

其一,借鉴了SOP标准化的管理法。SOP,即标准操作过程,要求企业在产品生产的环节,做到有法可依、有规可循,将工人的每一步操作过程都写入规章制度。

其二,细节文化。青岛啤酒生产车间有一部梯子,用于工人们爬上爬下,不用的时候则靠在一边,工人们贴心地写了纸条:"请留神梯子,注意安全。"AB公司的人员看到这个做法的几周后,工人们发现梯子上的纸条被换成了:"不用时,请将梯子横放。"一比较,就显示出了差距:原先的纸条仅仅是提醒功能,而后来的纸条,则杜绝了梯子倒落的风险。自此,对于细节的关注、对于风险防范的意识成为青啤各个部门追求的工作方式。

其三,执行文化。有了标准化的理念,执行力更是关键。青啤将SOP的方法渗入公司的每个环节中。"精确到几分之几""发酵时间为几小时"等精确的表述代替了从前文件中含义模糊的词语,比如"确保""认真",挂在墙上的口号也变成实际的操作规范,这种专注细节的文化深入每一个员工的内心,为企业带来了强大的执行力。

其四,前瞻力文化。正因为规范化的操作方式与管理模式，让青啤产品生产顺畅，信息传递逐步实现即时化、准确化，市场营销的计划性也逐步加强，建立在相关数据上的市场分析也让青啤对于国内市场和国际市场的判断更加准确。因此，青啤对于市场的敏感程度越来越强，制定公司战略更习惯于采取科学的分析法，对未来啤酒市场的估计和全球资源配置的敏感程度，都有所提升。

与AB公司的合作使青啤由原先粗放、本土化的经营方式，向精致化、国际化的经营方式转变，对于市场日趋敏感，也造就了青岛啤酒在战略层面上向多元化、国际化、前瞻化转向的趋势。这种前瞻性成为青啤的一种核心文化，无论在哪个时代的洪流中，青啤总有办法把握市场，占领先机，并根据市场需求不断变化创新。"内向国际化"提升的"软实力"，是青岛啤酒品牌永葆青春的秘诀。

2．外向国际化

青啤的"内向国际化"通过与国际公司合作学习获得，而"外向国际化"的过程则一直贯穿于其发展历史的始终。

（1）"娘胎中的国际化"。青啤的"国际化"是企业诞生之初就拥有的光环，国家对于青岛啤酒出口的大力支持也为青岛啤酒的国际化奠定了良好的基础。1903年德国在青岛建立了第一座啤酒厂房，1906年，当时的青啤就从国际上捧回了第一座奖杯——德国慕尼黑国际博览会金奖。那时候的国际化主要是出口，青岛啤酒当时的经销商多是中外合作建立的公司，这些经销商有着丰富的国际贸易经验，青啤的第一批产品出厂后，由经销商加以推广，很快在国外的大城市受到欢迎并赢得了国际声誉，走出了国际化路线漂亮的第一步。

（2）"出口+建厂"，不做亏本生意。青啤在国际上的脚步一直没有停下来。20世纪二三十年代，青岛啤酒就开始出口东南亚，五六十年代，青岛啤酒开始大量出口，并获得了国内几乎所有啤酒评比的奖项。20世纪70年代，青岛啤酒开始进入美国市场，中美建交后正式出口美国市场。进入20世纪90年代后，青啤已经大踏步走向世界，产品遍布欧洲、亚洲、北美洲等，累计出口达70多个国家和地区。然而，青啤所期待的国际化，并非仅仅是产品的到达率，更是对全球资源整合，对全球资源最佳利用而达到国际化发展的目标。为了进一步在全球市场有所作为，1993年7月15日，青啤在香港联交所挂牌上市，成为中国内地第一家在香港上市的企业；1996年，青啤向美国发行一级存股证（ADR），获美国证券及交易委员会批准正式开始交易。在国内同类企业中，青啤率先进入国际资本市场的举措，让它进而了解到全球资本运作的前沿技术，为今后进一步扩张做好了铺垫。而通过多年的经验，青啤深知，产品出口的国际化，并非是深层次的国际化，目前的青啤已经抓紧了在海外建厂的速度。2007年，青啤决定在泰国建厂。青啤的版图在全球越画越大，通过出口建厂，青啤国际化的形象已经名扬海外。

（3）"全球资源优化配置"，这是真正的国际化。青啤真正追求的国际化，是全球资源的最佳配置。"我们并不追求虚荣的出口量，也会考虑实际情况而在海外建厂。我们始终认为，并不是在海外建厂，在海外的销售版图有多大了，就成为国际化的公司了。真正国际化的公司是实现对全球资源的最佳运用，用物美价廉的劳动力，制作出口味一致性的产品。如果机会合适，我们就走出国门，如果机会不够好，我们就抓牢本土市场。"青啤副总裁孙明波这样描述今后青啤国际化的道路。

（4）"青岛啤酒，中国的名片"。优秀的产品品质、高效的营销技巧、超前的战略思想，都使得青岛啤酒得到了外国朋友的喜爱，成了中国的独特名片。

近些年，随着中国国力的增强，中国文化的感染力也越发增强，青岛啤酒早已声名在外。青啤在美国做过一个调研报告，调查青岛啤酒在美国普通民众心中的形象，调查的结果有两种：①青岛啤酒是中国啤酒，代表着中国的形象。吃中餐，喝青岛啤酒，二者是配套的。②青岛啤酒是两个国家共同做的一个啤酒，一个是德国，一个是中国，是德国人在中国做的啤酒。两个结果表明在美国民众的心中，青岛啤酒的形象是与中国息息相关的，并且，是有国际化背景的企业。但这并非是青啤的最终愿景，作为民族企业，他们肩负着振兴中国民族企业的重任，以国际化为突破口，向世界展示中国企业的力量。

三、从卖啤酒到销售激情

我们的目标是成为一个拥有全球影响力的品牌公司。

——孙明波

青啤的新任董事长孙明波表示，无论是国际市场还是国内市场，青啤一直在"品牌带动下的发展战略"指引下，持续变革和创新商业模式，通过"整合与扩张并举的双轮驱动"扎扎实实地做强做大。

（一）"百岁归零"的品牌战略

2003年，青啤迎来了百岁生日。百年能让一个企业积累足够的财富与经验，同样，也能给一个企业带上沉重的历史镣铐。青啤面临的"百岁"现实问题，是如何在新时代保持青岛啤酒老品牌的活力。除了品牌老化，青啤内部也存在许多问题，青啤的前任董事长金志国将其称之为"文化负资产"。这种"负资产"多源自计划经济时代的"大锅饭"和"统购包销"，它们为青啤提供了一条龙服务，青啤无须担心自己的产品无处销售，自然不会形成对外宣传、营销产品的有效机制，这就造成企业内部管理机制、组织架构、营销方法、文化氛围等一系列的停滞不前，使企业缺乏活力和自主性。青啤虽然经历了市场化转型的洗礼，但企业内部的文化氛围和品牌塑造思想仍有待改进。百岁青啤，需要更有效的营销手段促使品牌年轻化，也需要统筹规划未来发展的战略眼光。

面对昨日的辉煌和对明日的期盼，青啤提出了"百岁归零"的战略发展思想。"百岁归零"，意在抛弃旧时管理、营销、产品、文化中不合时宜的糟粕，"忘记"从前的辉煌历史和成绩，甩掉历史印记加载在企业身上的担子和包袱，洗去尘埃，重塑形象。这在青啤的历史上是极为重大的战略决策。

首先，"百岁归零"的战略确立了青岛啤酒今后品牌形象策略的基调，为老品牌增加新锐的力量和蓬勃的朝气，向年轻消费群体靠拢。其次，"百岁归零"每隔一段时间就要对企业文化进行过滤和再加工，形成新的、更加适应市场化发展的文化。这确立了青岛啤酒的品牌文化基调——与时俱进，自我更新。

（二）用好高端平台，注重活动落地

经过了"百岁归零"的战略思想重构，青啤深知，消费者的满意度在很大程度上决定了企业的生存状况，为此，青啤提出了"三位一体"的营销模式，即将产品销售、品牌传播和消费者体验结合起来，利用线下活动、电视节目、体验馆等多种形式，将产品的性质特征、品牌的理念文化传递给消费者，建立消费者与企业沟通的平台，加大企业与消费者之间的互动，使产品、品牌、消费者成为立体交互式的系统。在这个系统中，利用活动吸引消费者的参与，依靠活动的质量使消费者由被动参与成为主动的宣传者，激发消费者的热情，从而不断推进品牌的植入程度。

"三位一体"的模式围绕品牌年轻化的目标对营销模式进行了创新，跳出"奥运标志+广告代言人"的俗套方式，寻求立体、全方位的组合营销模式。为此，青啤提炼出"激情"与"梦想"两个关键词，作为年轻人展现自我和享受生活的关键点，打造了一系列以"激情成就梦想"为主题的体育营销活动，获得了年青一代的追捧。

1．奥运营销直接带动产品欢动

北京奥运会是全民体验激情、实现梦想的好机会，这正与青啤主打"激情成就梦想"的营销主题契合。早在2005年，青啤就制订了奥运营销的"五年计划"，从奥运前的渲染到奥运后的延续，一步步激活国民对于奥运的热情、对于生活的激情和对于成功的渴望。为了保证活动推广的效果，青啤深知：平台很重要。为此，他们选择了中央电视台，通过央视在中国的覆盖率和影响力，建立起奥运营销宣传的主力平台。2005年"酝酿激情"，携手央视打造《梦想中国》；2006年"点燃激情"，携手央视策划举办了"青岛啤酒CCTV观球论英雄，激情成就梦想"的大型电视互动活动，同时与湖南卫视共同策划了"青岛啤酒 我是冠军"全民急速大挑战活动；2007年"传递激情"，推出"青岛啤酒·CCTV——最值得向世界介绍的中国名城"大型电视活动；2008年"释放激情"，延续"我是冠军""倾国倾城"两个项目，并建立多个啤酒奥运体验中心（图1-9）。在这一系列活动中，央视为青岛啤酒的品牌提供了很好的宣传舞台，活动推广与电视节目的播出相得益彰，让青岛啤酒的品牌形象深入人心。

图1-9　青岛啤酒奥运体验活动

在一系列活动中，"倾国倾城"栏目因为其差异化的营销策略，大获成功。"倾国倾城"最大的特色是对各类资源的整合，活动将政府机构、商业组织、国内外媒体、普通民众整合在同一范围内，扩大了品牌传播的效果。首先，与高规格国际官方组织深度合作，如联合国计划开发署、世界旅游组织等，加强了活动的专业性。其次，栏目播出跨国界，不仅在中央电视台播出，还联合国内20余家省市电视台及国外的权威媒体如美国国家地理频道等播出栏目，配合国内外100余家权威平面、网络媒体，有效激活各种资源，实现线上线下的全资源联动与互动，进一步扩大品牌理念的传播效果。再次，配合电视节目的品牌理念宣传，被推荐的城市将在活动尾声开展世界巡展，展示城市的美丽风光和城市理念。另外，"倾国倾城"活动在选拔城市的过程中，全程展示青岛啤酒的形象，并充分调动起了民众的热情，使得消费者的现场参与感增强，加深了对青岛啤酒品牌的体验和认识（图1-10）。"倾国倾城"栏目将青岛啤酒与城市结合，不仅提升了品牌亲和力，也拉近了与消费者之间的距离，是"三位一体"营销战略的集中体现。并且，"倾国倾城"也是青啤向世界展示自我、展示中国文化的大举措，体现出作为民族企业的青啤对家乡与祖国的拳拳深情，加强了青岛啤酒与"中国品牌"之间的联系。

图1-10 "倾国倾城"各地活动现场

从最初决定进军奥运战场时，青啤便形成了清晰明确的规划，始终围绕着"一条主线、一个中心、多种演绎"的方式开展活动，即"激情成就梦想"为主线，"体育、激情、体验"为关键词，配合电视节目、冠名赞助、广告投放、体验中心等多种营销路线的进行，推进品牌年轻化目标的实现。首先，在产品方面，青啤在奥运期间推出了新产品——欢动系列。这一系列的啤酒相比普通纯生，口感更清凉，更富有营养，包装也设计得更加国际化，非常符合年轻人的需求。同时，欢动系列很好地诠释了青岛啤酒品牌追求"年轻、时尚、动感、青春、健康"的概念，是产品销售与品牌传播的完美结合。在理念宣传方面，青啤提炼出品牌的宣传口号"激情欢动、为您干杯"，并在中央电视台推出主打广告：打开篇、梦想篇、激情征集篇，与新产品"欢动"的主题相呼应，也延续了"激情"理念的宣传。"为您干杯"仿佛是一封邀请信，请每一位喝青岛啤酒的人，分享成功带来的喜悦，释放内心奔涌的欢乐，突出"群众的奥运、大众的激情欢动"的理念。另外，在活动方面，自2005年开始，青岛啤酒先后赞助了中国最大的全民马拉松——厦门马拉松比赛（图1-11）、中国网球公开赛，签约中国国家跳水"梦之队"，并且在北京设计有奥运体验中心，在青岛有奥帆体验中心，还不定期举行大篷车路演。这些活动既有明星代言，又有现场直接的消费者体验，还有冠名赞助，与电视节目大型活动共同构成了青岛啤酒营销模式的立体化。

2008年，青啤做了相关品牌认知度的调研，结果是：受众对青啤作为奥运赞助商的认知度达到了50%以上，整个消费者购买意愿提升了74.1%，比原来提升了27%。青啤向着品牌年轻化、国际化的目标，又迈进了一步。

图1-11　厦门马拉松比赛

2．携手NBA延续奥运激情

球星的奋斗史、篮球技巧的提升、赛队的历史和文化，都是年轻人喜欢和乐于接受的事物。2008年8月23日，青啤与NBA在北京签订了长期合作协议，决定举办包括NBA中国赛、球迷基层篮球活动、以NBA为主题的市场推广活动、NBA啦啦队大赛以及NBA主办的媒体活动等，开拓营销路线的同时也巩固了美国的市场。

"炫舞激情"NBA啦啦队选拔赛（图1-12），通过活动的举办，邀请年轻人参与到释放激情的舞台中，将美丽辣女、激情炫舞、球星大腕等元素加以组合，使"激情"更加外向化，与青岛啤酒倡导的"活力""更新"的品质相吻合。

图1-12　"炫舞激情"啦啦队选拔赛东部决赛现场

2009年，青啤上半年累计完成啤酒销量302万千升，同比增长12.6%，主营业务收入89.7亿元人民币，同比增长15.1%，净利润为人民币6.4亿元，同比增长67.9%。青啤以一如既往的优秀业绩毫无争议地诠释了其"创新营销与基业长青"的紧密联系。

四、兼收并蓄的企业文化滋养品牌基业长青

青岛啤酒之所以能在百年间屹立不倒，靠的就是文化的支撑，无论消费者的产品喜好发生怎样的变化，文化的传承始终是支撑企业发展的中心理念。

——孙明波

（一）"好人做好酒，好心有好报"，朴素而隽永的企业文化观点

"好人做好酒，好心有好报"是每一个青啤员工在进厂时被反复教导的信条，好比前文中提到的"为父亲刷酒池子"的故事。青啤始终秉持的，是在酿造啤酒的时候，不忘坚持"做人"的本分。所以，做"好人"，是青啤对于员工个体修身养性的要求，也是对于企业自身遵从道德、履行社会责任的根本要求。

在青啤内部，每一位员工都将"诚信"当作安身立命的根本，"诚"是发自内心的真实，"信"则是言而有信、行而有信的坚守，一代又一代的青啤员工传承着"好人做好酒，好心有好报"的文化理念，他们用认真的姿态和赤诚的心灵捍卫青啤的每一寸土地。

（二）"与超越我们的对手做朋友"

青啤在当代市场上，无论对市场的敏感程度，还是对突发事件的反应速度，都极具判断力和前瞻性，这来源于青啤善于学习的企业文化。

在与百威啤酒合作期间，百威的高管曾经深有感触地评价："青岛啤酒就像是一块海绵，给它多少营养，它都能吸收并且转化成为自身的能量。"青啤在发展过程中，特别重视自己的竞争对手，它非凡的观察能力和学习能力，以及包容的心态，让它慢慢坚定了一个思想："向我们的对手学习，与超越我们的对手做朋友。"这个理念也让青啤如有神助，在每个关键的变革点上，一次次创造着奇迹。

20世纪90年代，是市场化风起云涌的年代，国际啤酒市场开始了并购与整合的风潮，资本运作的浪潮席卷了整个金融市场。此时的青啤，也已经是国内啤酒行业数一数二的企业，但就产量来看，与国际大型啤酒集团还是有差距的。而那个时候的华润集团，早已开始了全球范围大规模的资本运作，并获得了很多效益。青啤通过分析国内市场并参考国外啤酒市场的发展轨迹意识到"资本整合"将是近些年啤酒行业发展的大趋势，将为中国的啤酒市场带来一场大革命。这一准确的判断，促使青啤开始了"大名牌战略"的发展方向，开始了资本运作的道路。

在成功进行了版图扩张的运动后，青啤转向了内在发展，而此时有一个问题困扰着他们，即并购之后如何协调各个厂之间造出的啤酒有口感差异的问题。青啤早就注意到，知名的国际化公司都有一套标准化操作的方法，比如百威啤酒，尽管各地水质等条件都不同，仍然可以使啤酒保持统一的口味。这让青啤意识到，如果要推进国际化的战略思想，必须解决口味一致性的问题。他们在与百威合作的期间，重点学习百威口味一致性的处理方法，从原先相对粗放的检测程序逐步完善成一套啤酒酿造、检测、品尝、上市的流程。目前，青啤的水处理技术是世界一流的，酿造程序的工作重点也从原先的笼统步骤细化到136个关键点步骤。这些都提高了青啤的运作效果和市场竞争力。

但市场竞争瞬息万变，产品品类的创新同样需要与时俱进，而迎合当今时代主力消费群体的偏好是主要问题，现代消费者对于啤酒的要求趋向于清淡化、营养化，于是"纯生"出现了，这是一种清淡型的啤酒。这项技术最早产生于我国的珠江啤酒厂，却在日本朝日集团的运作下发展壮大。青啤灵敏地嗅到了其中的发展空间，在与朝日集团进行战略合作期间，主动学习其纯生啤酒的制作技术，并通过加工和研发，开发出了青啤自己的"纯生"啤酒系列，打入市场后，受到大众的欢迎。青啤又一次让自己站在了市场的前沿，成为引领风尚的弄潮儿。

（三）根植于区域文化的土壤

青啤的文化，并非一时一地的单一系统，而是兼容并包、海纳百川。德国人在建厂时期留下的日耳曼

民族严谨、精细的作风，齐鲁大地深沉的中国儒家文化，滨海城市海洋文化的开放和包容，都成为青啤源源不断汲取的动力源。

　　青啤由德国人建立，这个民族一向以严肃、认真著称，在他们高大的身体和硬朗的面孔中，仿佛隐藏着一股坚韧的力量，严谨、精细，甚至有些苛刻，这都已经成了日耳曼民族的代名词。曾经有人开玩笑，说如果德国人建厂，那么机器中的每一个螺丝都是需要用尺子量出标准的。德国人在青岛苦心经营了长达17年，这期间，不仅仅影响到了青岛独具欧洲色彩的建筑风格，德国人遵守秩序、预先计划、勤劳严肃、注重实际的优秀品格也早已与青岛本地文化相生相容。青啤建厂初期，德国管理者建立起青啤的基本规模，并且有很多技术高超、经验丰富的酿酒师、管理者共同对青啤的规章制度进行建设，每一个规定都清楚详细，可操作性非常强。对于酿酒过程中的技术监控和质量检查，德国人同样认真严谨，一丝不苟。青啤厂在起跑线上，就建立了精细、严谨、勤劳、沉稳的好习惯。随着青啤的不断发展，这种"精致化"的行事方式已经深深融入青啤人的血液中，成为与企业文化不可分割的一部分，贯穿于青啤发展的始末，影响着青啤人具体的行为和行动。

　　山东，自古为"礼仪之邦，孔孟之乡"。在中国，儒学的影响甚为深远，"以和为贵""仁者爱人"的思想已经深深印在中国人的灵魂中。"和"，表达了社会应该是相互关心、相互配合、各守其位的理想状态。这是一种共生共荣的概念，也是孔子追求的"中庸"之道。青啤在发展历程中，很好地继承了中国传统的"和"文化，追求均衡的发展，这在并购之后的整合阶段体现得非常明显。当时，青啤的管理已经明显跟不上规模的发展，企业有严重倾斜的问题，他们及时调整了发展路线，对内部员工的结构、管理的方法做出了一系列的改革，提出"做强、做大"的发展口号，这也是企业内部寻找平衡发展的过程，是"和谐"文化的体现。在国际化的路途中和当代竞争市场上，青啤从来倡导"和谐""共赢"的市场环境，不与竞争对手打价格战，致力于创造共同繁荣的现代市场环境，这些理念都是"和"的具体体现。

　　儒家文化中"诚"与"信"的理念也体现在"好人做好酒"的青啤企业文化中。"修身齐家治国平天下"是儒家对个人的希冀。儒家认为坚实的个人修养是成家立业的地基，而个人修养的基础是具备良好的道德觉悟，在道德品质中，"诚"和"信"又是儒家最看重的两点。青啤曾遭遇了一次信任危机，当时生产的啤酒竟被发现里面有一把刷酒瓶的刷子，造成了很恶劣的影响。但青啤积极协调，承认自己工作的失误，并迅速反应，成功渡过了危机。这样的问题严重影响了消费者对于青岛啤酒品质的信任，所以，青啤把事件发生那天的日期作为每年质量监督纪念日，牢记这次错误，并不断改进质量，再次赢得了消费者的信任。这体现出企业对于消费者的"真心诚意"，也是古人强调的"为人之基"。孔孟之道源自华夏文明的黄土地，这种文化深沉而内敛，给予青啤足够的内部生存空间，建立了青岛啤酒品牌性格中"真诚""守信"的重要一环。

　　青啤的另一部分个性，来源于海洋。曾经有学者称海洋文明为"蓝色文明"，这种文明神秘且具有冲击力，并且喜欢变化。青岛是一个滨海城市，这决定着青岛独特的城市性格。青岛的"蓝色"性格是脱去了海洋文明中激进扩张的部分，而纳入了开放、包容、把握变革的部分。青啤成长发展的过程，像水一般灵活，并购潮、整合潮、奥运营销潮、国际化浪潮，每一次世界有所震动的时候，青啤都提前做好了准备。并且，海洋文明独特的包容带给青啤对于竞争对手的包容，它与竞争对手互相学习，共同进步，完全没有"地主"高高在上的颐指气使，也不是对外来者卑躬屈膝，它有礼有节，落落大方，这赢得了竞争对手的尊重，同时也带来了双方共赢的局面。这种柔性的海洋文明与刚性的黄土地文化和德意志文化相得益彰，在青啤体内，酝酿出一杯又一杯味道香醇的文化酒。

　　德意志文化的严谨细致、儒家文化的深沉内敛、海洋文化的开放包容，在青啤中融合酝酿，这三种个性鲜明的文化经过过滤、发酵，蒸腾成为一种新的文化。严谨中透着活泼，沉稳中有着灵活，进取中不忘和谐，这样五彩斑斓的文化是青啤百年发展平稳顺利的根本原因（图1-13、图1-14）。

 图1-13　青岛啤酒博物馆
 图1-14　青岛啤酒百年颂雕塑

结束语

历经百年风雨，世事沧桑变幻，青啤仍如一棵常年新绿的松柏，坚韧挺拔，傲雪凌霜。

历史的尘埃和战乱，没有打倒它，却为它更好地绽放生长，铺下了厚厚的肥料。

环境的变迁与挑战，没有扰乱它，反而促使它改变身姿，向更贴近阳光的地带生发。

疾病的考验与骚扰，没有惊动它，却警醒它做好储备预防，为未来更大的挑战积累实力。

一百年的时间，青啤用品牌实力和企业精神证明了自己。最初的国际名牌，没有在历史冲撞中丧失活力，而是在时间的打磨下，历久弥新。青啤人创立了一个国际品牌，为民族企业做出了表率；他们活跃了国内市场，稳稳抓牢属于自己的荣耀；他们在全球布下版图，向世界宣告：中国品牌的时代，来临了。

"用一百年的时间，做一杯酒"，青啤人做到了，而他们正以更高的姿态和更快的速度，续写辉煌。

实训项目1.2：横向广告宣传点的设计

1.学习目标

素质目标：培养学生运用马克思主义辩证法思考问题，寻找商品的优势。

能力目标：培养学生发现、表达商品优点的能力。

知识目标：掌握横向广告点设计的相关知识。

2.项目描述

学生自主选择感兴趣的一件商品，选择推广商品的三个优点，并选择合适的表现形式。

3.任务实施

第一步，选择自己要推广的商品。第二步，选择推广商品的三个优点。第三步，根据商品的三个优点，设计商品广告的三种宣传形式。第四步，将三种广告形式放到同一媒介进行推广。第五步，广告投放一周的时间，通过浏览量或购买量等量化指标，比较三个优点的传播效果。

4.项目测验

通过比较，从推广商品的三个优点中选取效果最好的宣传点。

5.反思总结

思考并总结如何设计商品的差异化优点，用300字左右阐释你的观点。

第三节 纵向广告点设计案例：苏宁

案例点评：苏宁广告案例中按照纵向的时间顺序，选取了苏宁历史发展的三个重要节点进行广告点的设计，进而让消费者了解苏宁的积极进取、勇立潮头的品牌精神。按照纵向时间顺序设计广告点是在广告宣传中比较普遍的设计方法。

20年间三次创业，苏宁的企业定位大突破，从单纯地卖产品转变为集成系统和增值服务，苏宁也获得跃升式发展（图1-15）。接通B2C平台苏宁易购后，苏宁开始迈向"沃尔玛＋亚马逊"的零售业巨无霸道路。

不得不惊叹，22载的光阴，一家当年占地仅200平方米的空调销售门店，竟然发展成为覆盖我国600多个城市，并进入日本等地，拥有1700多家门店的大型零售连锁企业。

图1-15 岁末省钱 看苏宁

如此快速的成长，如此让人难以琢磨的定位，曾经"卖电器"的简单标签，已不能涵盖苏宁的全部，有媒体评价"它是一家零售公司，却像一家物流公司，更像一家高科技公司"。

相比天马行空的广告创意、铺天盖地的媒体宣传，苏宁的品牌策略更在意与企业战略的贴合程度。20年中的三次创业、三次定位大调整，在诸多可变因素中，苏宁品牌不变的内核究竟是什么？苏宁又是如何通过不断的自我修炼，从而稳固品牌的核心竞争力的？

一、首次创业：播种品牌基因

在整个20世纪90年代，即苏宁首次创业的10年中，苏宁在空调专营销售中领悟到服务才是苏宁品牌的核心，并在日后的运营中不断强化这一点。这一时期，苏宁的品牌意识也开始觉醒。

（一）品牌意识的觉醒

1990年，苏宁从南京宁海路60号，一间200平方米的空调专卖店起步，开始了创业之路。那时的苏宁，只是形态单一的空调销售商，经营范围也只是集中在江苏。

促使苏宁做品牌的意识开始觉醒，最具代表性的事件是1993年轰动全国的"空调大战"。

1993年，新成立不久的苏宁已经连续两年成为春兰空调全国最大的经销商，这份业绩吸引了国内外一部分空调厂商的关注，也打破了空调市场原有的市场格局和利益关系，矛盾一触即发。

当年春天，在空调销售旺季来临之前，苏宁就在各大媒体上大面积投放广告，广告详细列出产品型号、批发价、零售价，同时敬告用户苏宁要实行让利销售。这则广告成为"空调大战"的导火线，引发了之后的国有八大商场联手对抗苏宁（图1-16、图1-17）。

图1-16 当年空调大战的新闻报道（1）

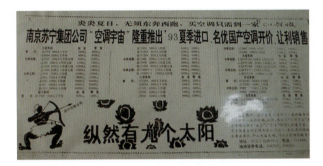

图1-17 当年空调大战的新闻报道（2）

这场商战被置于1992年邓小平南方谈话、市场经济基本确定的背景之下，被赋予了更多社会意义。媒体在一个半月时间里跟踪报道，学术界、政府官员等多类人群也参与进来讨论，让"空调大战"演绎成一个社会事件。而民营企业苏宁自然成了这个公众话题的中心，获得了被公众瞩目、让品牌迅速打响的机会。这让当年占地仅200平方米、地处非中心地段的苏宁，初次尝到了社会影响力的"甜头"，并从此开始注重品牌构筑。

回想当年情景，苏宁副董事长孙为民称这次事件对苏宁品牌建设影响很大，很少有企业能够经历这样的事件，这种"找上门"的机会是可遇不可求的。苏宁在之后的品牌策略中认识到媒体作为品牌"孵化器"的重要作用，并开始主动出击，频频出招。

（二）品牌内核的提炼

创业之初，苏宁就深知空调销售对于服务的高要求——不同于电视、电冰箱等电器买回去就可以使用，空调购买后必须要有专门的技术人员上门安装、调试、维修和保养等服务，虽然购买简单，但是服务复杂，整体售后的作业链比之前的销售更长，也更复杂。

在销售旺季之时，空调市场供不应求，销售空调并不是难题，然而是否送货上门、安装是否及时、服务质量好坏等因素成为消费者考虑购买的首要问题。因此，苏宁对服务重要性的体会尤为深刻。

由于切身体会到服务能力对销售规模的制约作用，苏宁在日后的发展中对服务十分重视——苏宁的售后服务人员数量一直大于销售人员数量。

"服务是苏宁的唯一产品。"苏宁董事长张近东一语点中了苏宁品牌的内核。这句话一直以来也被苏宁员工视为座右铭，并时时提醒自己在服务中要提升服务质量，完善品牌形象。

二、二次创业：布局全国品牌

在步入第二个10年之后，苏宁从企业经营内外的细节变化中嗅出了环境的变化、行业的变化以及消费者的变化，做出了"二次创业"的决定。

1996年以前，占据苏宁90%以上销售比重的批发业务，一直得到供应商的全力支持。但是后来供应商的支持力度减小、给予的毛利空间缩水、市场代理区域被压缩，种种迹象都表明行业在发生转型。

苏宁意识到，如果按照传统思维进一步扩大规模、扩大代理便会背离行业发展的大趋势，越走越偏。于是，1999年苏宁开始二次创业，舍弃空调批发业务，布局连锁，扩充家电品类，进入全国市场，并在行业内第一个创新建立了连锁发展模式和连锁标准。

面向全国扩张，经营产品从之前的空调这一单品扩展至多样化的家电品类，这样一个新生的连锁品牌，又怎么做呢？苏宁的品牌策略也随着企业战略的变化而相应调整。

（一）品牌传播，匹配品牌扩张

1. 借助央视平台，塑造品牌形象

当苏宁从南京迈向全国市场的时候，面临的不仅仅是各地区的竞争对手，还有消费者先入为主的品牌观念。为了配合全国扩展的步伐，苏宁品牌需要借助媒体力量扩大声势，打造品牌知名度。电视广告覆盖面广，表现形式丰富，直观效果强，能塑造和深化企业的品牌形象。覆盖全国市场的中央电视台，自然成为苏宁进行品牌营销的媒体首选。

纵观苏宁的发展历程，品牌在电视上的曝光率伴随着苏宁在全国的扩张而升高,一支支电视广告使苏宁的品牌形象深入人心。从2002年开始在央视投放广告到2010年首次参加央视黄金广告资源竞标一举拿下近三个季度的《新闻联播》前提示收看的广告项目,苏宁在合作过程中逐渐感受到央视广告平台对企业品牌所产生的巨大影响。央视作为全国性媒体所特有的权威性、覆盖面以及影响力,不仅帮助苏宁品牌在较短的时间内获得了全国知名度,助力多个城市的连锁拓展,还依托央视的媒体权威性传达家电零售行业健康发展的良性态势、苏宁的行业领袖形象和阳光服务精神。之后,苏宁在央视的投放力度继续加大,试图凭借央视的国际影响力,助力苏宁进一步国际化的发展战略。2011年,苏宁在央视的广告投放额为1.8亿元,2012年在央视的广告投放额增加至2.3亿元;这两年拿下的重要广告时段是"新闻联播提示收看"。

2. 利用明星代言人突出年轻化

苏宁的售卖产品从传统家电扩展到3C(家电、电脑、通信)产品,购买人群也从原来的30岁以上的成熟消费人群,扩展到了20～25岁的年轻人群。成熟消费者的消费特点是理智,相对应的品牌特性需要体现体贴、关心、真诚和科技;而年轻消费人群更为时尚,充满活力,追求潮流,相对应的品牌特性则需要阳光、快乐、时尚。品类扩展使目标消费人群发生变化,最终使品牌策略跟着转换。

当年家电零售行业的营销方式仍然以促销为主要手段,铺天盖地的广告中仍然是眼花缭乱的各种商品介绍、降价、优惠政策等内容。在品牌向年轻化进行转型的关键时刻,苏宁一改往日的营销手段,在行业内首创明星代言模式,传递品牌新诉求。尽管明星代言并非新鲜事,但是苏宁的明星代言策略正好契合品牌转型之际的需求,准确传达了品牌年轻化、时尚化的特点。

自2007年以来,苏宁一直沿用明星代言的模式,如2007年孙俪和潘玮柏成为苏宁电器的第一代代言人(图1-18),2010年苏宁又启用了第二代代言人黄晓明与王珞丹(图1-19),2012年赵又廷、姚笛、苏打绿等三组明星以"明星帮"形式代言苏宁,传递苏宁新的品牌策略(图1-20)。年轻的明星形象在消费者心目中塑造了差异化的家电零售品牌形象,提升了品牌对年轻人群的吸引力。未来,苏宁还将根据不同的需要持续推出新的"明星帮"成员。

图1-18　苏宁第一代年轻化代言人

图1-19　苏宁第二代年轻化代言人

图1-20　苏宁第三代明星代言人

除了年轻、时尚、阳光的品牌内涵外,苏宁开始主推"幸福""智慧"的概念,希望以科技、智能的手段丰富服务内容、提升服务体验,成为百姓生活的"幸福制造者"。品牌内涵的升级加强了与消费者的情感沟通,也反映出苏宁整体的经营发展重心从产品转移到了消费者自身。

(二)在博弈中构建零供品牌新生态

从单一产品、单一品牌起家,到成为云集众多国内外品牌的零售平台,苏宁的品牌构筑并不是一门独善其身的艺术。

作为一家零售企业,苏宁面临的品牌关系是极其复杂的:一方面,唇齿相依、一荣俱荣、一损俱损。如果某一知名品牌入驻苏宁,消费者对这一品牌的忠诚度也会转嫁为对苏宁品牌的好感。同样的道理,如果某一品牌陷入纠纷,苏宁品牌也会受损。另一方面,苏宁与供应商的合作也会涉及利益分割、价值冲突,从而引起品牌之间的博弈。如果某一产品的品牌活动,违背了苏宁品牌的服务原则,抑或与另一品牌相冲突,也会对苏宁品牌带来影响。

苏宁如何在众多品牌之间实现共赢?又如何在众多品牌的博弈中巩固品牌地位?

1. 以自营提升终端购物体验

购物体验是消费者对零售品牌形成印象的关键环节。除了在硬件设施方面保证品牌的同一性之外,苏宁在运营方面开始推进自营,试图增加服务的自主性。

孙为民在接受案例组采访时,一直强调专业分工、社会协作是苏宁与供应商实现合作的基础。在他看来,行业的分工应该是一环扣一环——供应商"扣住"零售商、零售商"扣住"顾客的逻辑关系。但是在我国目前的零售行业环境中,零售商整体能力较弱,在自身发展中对销售和零售倾注的热情多一些,而对服务的重视程度少一些,甚至将服务转交给厂家来做;而许多厂家可能在产品质量和品牌影响方面不够领先,就通过价格、售后服务来弥补这方面的缺陷,这导致零售行业并未实现真正的专业分工。这对身在其中的苏宁来说,也正是需要不断强化自身服务能力的突破口。

传统的运营模式下,供应商与渠道商的合作关系非常复杂,双方在返点、定价、促销资源、宣传费用、人员派遣、展台位置等各个层面都要进行讨论。孙为民表示,期待未来的合作关系能够化繁为简,供应商专注于研发生产,苏宁根据市场需求自主采购、自主定价、自主销售,将赢利模式转为进销差价,而自营则是缔造这种新型零供关系的第一步。

传统家电卖场是由各个品牌供应商派驻自己的驻店促销员来负责产品销售,零售商则在店内设置督导与少量销售员,行使规范管理、辅助销售的职能。这个销售模式的弊端是:各大品牌专区"各自为政",促销员之间可能会出现互相攻击的现象,不仅影响消费者的购物体验,也会挫伤消费者对零售商的信任。近几年,苏宁在北京、南京、深圳、浙江等地的苏宁精品店中同步推行自营试验,取消卖场中的品牌专区,品牌按品类进行统一摆放,取消品牌商派遣的驻店促销员,从督导到销售员都是苏宁员工(图1-21)。

这种终端自营的试验,对于苏宁自身品牌建设的意义尤为明显。统一标准化的服务,取代了各品牌促销员推销各自产品的嘈杂氛围。除此之外,自营的方式让苏宁在销售过程中与消费者的距离更为接近,能够近距离了解消费者的需求,进而转化为提升个性化服务的动力,完善品牌在消费者心目中的形象。

图1-21 苏宁精品店

从品牌展示向品类展示的变化,显示了苏宁向消费者需求导向的转变。以产品规格型号、功能为分类依据,便于消费者回归产品本身选择产品。当然,自营店采用的是混合放置的形式,这在一定程度上不仅会削弱厂商展示品牌的空间,也会影响消费者对于产品品牌的认知,削弱了厂商对于渠道终端的控制力。另外,自营店推行的自主定价也会引发与供应商之间的矛盾,这也是自营在不断发展和磨合中需要解决的问题,虽然零售商自主定价早已是国外发达市场的惯例。

终端自营所获取的信息资源与主动权力,对于苏宁将来成为"购物解决方案提供商、生活方式解决方案提供商以及智能家居解决方案提供商"的品牌定位来说,至关重要。

2. 品牌合作,共享价值

案例组在参观苏宁刘家窑超级旗舰店时,一面类似于北京世贸天阶"梦幻天幕"造型的屏幕墙吸引了案例组成员的眼球，国内外知名PC品牌的超薄笔记本就摆放在展台上，供消费者随意体验（图1-22）。

图1-22　苏宁北京刘家窑店"超级本体验区"

据店长介绍，这个展厅是苏宁与英特尔合作建成的"超级本精品体验店"，也是国内首家超级本体验店。超级本是英特尔推出的具有创新意义的笔记本。英特尔全球高级副总裁出席体验店的开业仪式时表示，苏宁在PC产品销售领域具有强大影响力，英特尔非常高兴与苏宁携手。而对于苏宁来说，与国际领先的芯片厂商英特尔合作再次传达了苏宁在3C产品、消费类电子领域的强大影响力，也是对苏宁品牌形象的又一次深化。而英特尔与苏宁的合作基于对消费者体验的深度认同，是双方品牌共同价值观的体现。

对于苏宁来说，每一次品牌合作都是双方品牌共享价值、共享资源、实现共赢的绝佳机会。苏宁自2004年开始加大企业信息工程的投入，投资1.36亿元，启动中国零售业信息化一号工程。2006年，苏宁和IBM签约实施SAP／ERP项目，将供应商、企业、分销商、终端用户链接成一个整体，实现跨区域、跨行业的紧密协作。

在企业实施信息化的同时，苏宁与供应商之间B2B的对接也陆续完成，如2005年，苏宁与索尼公司合作，实现了知识管理和数据库管理的基本工作方式，双方在优化管理方面达成共识，实现了品牌的优化管理。之后，苏宁又投入9 000万元资金，与三星实现B2B成功对接，双方围绕客户需求分析、终端商业设计、产品展示演示、产品零售技术等"一体化"实施全程合作。除此之外，Motorola、LG、海尔等国内外品牌都相继与苏宁签署B2B协议。

苏宁与供应商品牌的合作并不局限在双方达成销售合作的狭小领域。2006年，苏宁又与三星联手成立"三星&苏宁营销学院"，双方共同投入软硬件设施，共同派出内部讲师、聘请外部讲师，共同制定教材，创新销售培训模式。在实现培训资源共享的同时，也实现了双方企业文化的互动。

品牌之间合作的境界，从利益追求逐步上升为价值观的共享，为合作提供了更加稳固的保障。张近东称，未来苏宁能够提供给供应商的不仅仅是规模化的销售渠道，更重要的是精细化的、价值化的渠道。

3．试水自有品牌，保持对市场敏感

苏宁在实现自营试验的同时，也尝试拥有自有品牌。在自有品牌战略上，苏宁目前有三种模式：一是自创品牌松桥电器；二是惠而浦空调的"买断"模式；三是组建合资销售公司。

2008年3月，惠而浦空调签约苏宁，启动独家承销模式。

2009年，苏宁推出自创品牌松桥，进军生活家电领域。

2011年8月中旬，先锋电视成为苏宁电器的独家供应商；9月底，苏宁电器成为飞利浦彩电的国内独家销售商。

2011年10月26日，三菱重工与苏宁电器共同宣布，专为中国市场成立一家合资销售公司，此后三菱重工家用空调的销售与服务由该公司负责。

推出自有品牌必然会面临的一个问题，就是与供应商品牌之间存在的竞争关系，如卖场的安排、对自有品牌的倾斜政策等。对此，苏宁还是非常谨慎的。孙为民解释，虽然苏宁致力于自有品牌的推广，但这并不是苏宁的主要方向。自营是苏宁必须要做的事情，自有品牌也是国际零售业的惯例。苏宁希望通过自有品牌提升对商品的认识、对顾客需求的把握。

孙为民认为，在过去的全国连锁时期，苏宁快速开店的步伐下，某些方面的能力如对商品的了解、对消费者需求的把握并不像过去那么强。在与供应商合作的过程中过于关注返点利益，而忽视了对产品、功能、价位的全面了解。通过自有品牌、品牌租赁、包销合作这些方式，销售压力会转变为苏宁自身的压力。在压力之下，苏宁才会开始研究什么样的产品顾客会接受、什么样的价位顾客能够接受，真正提高对商品和对顾客的研究能力，而商品研究和顾客研究才是零售专业能力中最看家的本领。

三、三次创业：再造一个苏宁

从2011年开始，苏宁开启了所谓的第三次创业，企业战略再次转型，科技化、国际化成为未来10年的发展方向。品牌策略也随之发生转换，广告口号从简单的"买电器，到苏宁"转变成"科技苏宁，智慧服务"。品牌的内核、服务理念一如既往地坚持不变，但是服务的形式已发生了转变，科技、智慧的诉求更加明显，一改传统零售行业单纯地对服务礼仪和服务态度的重复强调，苏宁试图以"科技之手"服务未来需求，品牌诉求从满足消费者需求转为引领消费者需求。

（一）以"科技之手"服务未来

苏宁每年销售、配送、售后、回访、电话受理等高密度的服务强度，虽然得力于前后台服务基础设施以及人力资源的投入，但是依靠人力的增长仍然是算术级增长，要想在未来获得几何级发展，企业必须借助科技力量，解放人力。这也正是苏宁在第三个10年的发展规划——运用信息化、物联网、云计算等高新科技改造自身，提升管理以及服务水平。

在苏宁徐庄总部，我们见识到这家传统零售起家的企业在总部基地开始了一系列的高新技术尝试，概念店、未来店，整体家电解决方案，多媒体购物平台，机器化分拣技术等，这些概念并非纸上谈兵，而是正在"刻入"苏宁第三次创业的发展轨迹中（图1-23、图1-24）。

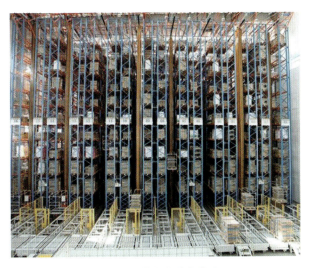

图1-24 苏宁自动化仓库

在"智能家居生活坊"中，苏宁模拟了一个未来家庭的生活场景，向参观者展示各种各样的智能生活家电，未来生活理念被一一演绎，例如，即时展示、分享照片的数字茶几，快速试衣的电子衣橱，个性化定制的儿童成长课程等。虽然这只是对未来生活的构想，且尚有一些不成熟的地方，但是透过这个展区我们发现，未来的苏宁并不满足于售卖产品的简单模式，而是致力于利用专业能力，洞悉消费者需求，为其提供整体的居家解决方案。这种化零售为整体，化工业化大生产为个性化定制的解决方案是对传统零售思维的一种创新颠覆，也是苏宁科技转型的一个方向。

（二）电商领域再造一个苏宁

苏宁易购是苏宁科技转型、智慧服务的另一个方向。

消费行为的快速变化让专业零售的苏宁充满了危机感。电子商务来势迅猛，分流原有的市场资源，传统零售行业也不得不加快电商战略的步伐。据统计，2011年网络购物用户规模已经达到了1.94亿人，大量消费人群转移到网络购物，尤其是年轻消费人群已经形成了稳定的网络购物习惯。这一消费趋势将大量分流传统零售的市场份额。

苏宁易购作为苏宁旗下的B2C平台，于2009年8月18日上线试运营，2010年2月1日正式上线。2011年苏宁易购的销售额为59亿元，已经成为市场前三的电子商务平台（淘宝、京东分别排名第一、第二）。2012年苏宁易购锁定的销售额目标高达200亿元。

苏宁易购建立在拥有20年零售经验、遍布全国的

图1-23 苏宁概念店影音区域

实体门店、全国第一零售规模的苏宁品牌之上，可谓是站在巨人的肩膀上。然而，作为新生的子品牌，苏宁易购也要在母品牌基础上寻求自身个性。2012年1月1日，苏宁易购启用全新LOGO（标志）（图1-25），独立于原有品牌，设计风格也更加符合网络特点，强调活泼与开放。这一全新标志的发布开启了苏宁易购在2012年的高调亮相。苏宁易购总部奠基仪式如图1-26所示。

张近东称，苏宁将全力支持苏宁易购品牌，让电子商务从单纯的互联网行业回归到"商务"的本质上。

图1-25　苏宁易购LOGO

图1-26　苏宁易购总部奠基仪式

为迎合网购人群对价格的敏感心理，苏宁易购推出"E18"促销活动：每月的18日，苏宁易购都将举行大规模网购促销活动。苏宁易购还致力将"E18"打造成一个行业内最具品牌影响力的活动。

除此之外，苏宁易购还积极在电视媒体、户外媒体以及网络媒体频频亮相，营造营销声势。苏宁易购在2012年独家冠名"天声一队"，开创了国内娱乐营销新模式。

在中国电子商会副秘书长陆刃波看来，长期以来，电商企业注重精准营销和效果考核的特点，一直让电视媒体和广告界"头疼"。如今，电商企业越来越多地被电视媒体关注。"与电商共舞"，成为2012年整个中国电视媒体的一个重要思路。

苏宁易购执行副总裁李斌认为，电商看重用户转化率、流量以及对销售提升的特性，反过来将帮助电视媒体深入进行受众与消费者的消费行为特征分析，并突破单一电视台传播形式，而向"电视媒体＋互联网新媒体＋电商平台"三者联动的新模式转化。这三者的共同特点是都拥有庞大的用户访问量和受众基础，都是信息传播的平台，但各自功能与目的截然不同。找准三者的特性与差别，进行效果整合营销，将极大地推动电视广告效果，最终实现共赢。

（三）国际化的三阶段扩张

全球化时代的到来，使世界的经济交往空前繁荣。经济学家陈志武曾经这样评价中国企业"走出去"的场景："中国企业今天'走出去'时所面对的世界，无论是与16世纪到19世纪的西欧跨国公司所面对的'炮舰'维系的世界相比，还是与'二战'后美国和日本跨国公司所面对的由'民族主义'左右的世界相比，我们不得不说今天的中国企业真幸运，在中国企业起步'走出去'时，世界正处于一个前所未有的全球化状态。"

陈志武认为，尽管国际经济秩序为中国企业"走出去"提供了相对轻松的环境，但是对于习惯本国政府和统一规则的"内向型"企业来说，"走出去"也同样带来了许多新挑战。

苏宁的国际化战略兴起于2009年。当年6月24日，苏宁宣布将投8亿日元（约5 730万元人民币）持有日本LAOX（乐购仕）公司27.36%的股权，成为其第一大股东。此次收购不仅是中国企业对日本上市公司的首个收购案，也是中国家电连锁企业首次涉足国外市场。苏宁电器称力争花3年时间让LAOX公司经营扭亏为盈。

同年12月30日，苏宁电器正式宣布收购位列香港电器零售连锁前三位的镭射公司，以此启动在香港的连锁发展，并计划在3年内实现50家店的网络布局，占据25%以上的市场份额。

苏宁的外延式扩张带来的，不仅仅是以国内高性价比、低成本商品换取国外市场份额的规模效应，还代表着苏宁品牌建设的一种新思路——国外先进的管理经验、服务模式、优质产品被引入国内；国际化的运营团队推动苏宁的服务质量、品牌形象进一步升级，给品牌增添一份"国际化"的色彩，对国内市场的号召力也相应增强。

作为一直深耕于国内市场的苏宁来说，进入海外市场，收益背后也潜藏着风险。国外市场成熟程度、政府管制、行业规则、消费习惯、文化习俗等差异考验着品牌本土化的"功力"，若在海外市场出现状况，也有可能会联动影响国内市场。

（四）灵活策略孵化子品牌

在苏宁国际化、电商化的进程中，苏宁品牌孵化出了更多的子品牌。目前，苏宁旗下的品牌主要有苏宁电器、乐购仕以及苏宁易购。针对不同的子品牌，苏宁会采取不同策略。

对于已在日本家电消费市场上发展成熟的品牌——乐购仕（图1-27），苏宁更多的是保留了其原有品牌的特征，如自营销售、单店坪效、购物休闲一体化、一站式消费等。双品牌战略既保留了日本成熟的经验，也避免了改变已有品牌所带来的风险。

图1-27　苏宁乐购仕生活广场

而苏宁易购这一品牌，与母品牌的关联更为紧密，其目的是在电子商务高速发展以及竞争者众多的行业环境中，给予子品牌足够支持，使其行业地位能够迅速上升。

四、品牌之道，变与不变

纵观苏宁的品牌策略，发展脉络清晰明确。从动态来看，苏宁三次创业，品牌三次调整发展战略，这是"变"，应时代之变而变；从静态来看，创业之初的经营体会，让苏宁在早期就能精准把握住服务这一品牌核心，并在之后的运营中不断强化，这是"不变"。但每次品牌战略调整，苏宁总是紧守服务本位，与企业发展战略时刻保持着"无缝贴合"的状态。

苏宁的品牌策略没有天马行空的创意，没有出奇制胜的招数，正如业内人士形容苏宁企业发展的特点时习惯使用的"稳健"一词，苏宁的品牌策略也显现出这样的特点，一直是紧抓服务这一核心。

（一）以专业能力提升服务

无论是努力坚持实现自营，还是凭借自有品牌向上游渗透，这些看似挑战供应商品牌利益的举措，在苏宁来看，其实只是强化零售业品牌的专业能力，进而强化服务消费者的能力。出租铺位、物业管理的零售业态，是最为初级的形态，消费者的整体感受尚且没有，又何谈品牌印象？

从长远来看，零售商的专业能力增强，也提升了苏宁对品牌供应商的服务能力。孙为民认为，零售商在与供应商的合作过程中应该注意两个方面：一方面是要给供应商带来利益，另一方面是零售商自身也要实现自强。而这种自强并不是店大欺客，而是专业能力的自强。苏宁通过不断优化后台和物流，对接供应商数据库，从"前台"营销活动合作，到"后台"物流数据库信息分享，零售商品牌与供应商品牌的"强强合作"营造的品牌效应，势必大过双方各自努力的成果。双方能力的增强，最终也会带来零售商品牌服务能力的增强。

近年来，国内一些企业品牌意识高涨，一味吹捧品牌，却忽视了企业实力的跟进，在短期内这种品牌策略也许能够营造出轰动效应，可是一旦高期望的品牌承诺与企业实际供给出现差距，将会迅速扼杀消费者的好感，这样的品牌策略无疑是对品牌的"捧杀"。

（二）"产品化"设计服务

经历三次创业的苏宁，服务一直是扎根于品牌的基因。由于服务的无形性、异质性、易损性生产与消费同一性以及顾客是合作生产者等特点，服务品牌的塑造并非易事。

苏宁将产品的制造流程运用在服务的开发和设计上。在每一项新的服务推广之前，苏宁首先进行市场调研，了解消费者需求，然后设计个性化、可供选择的服务项目提供给消费者。服务完成之后，苏宁通过回访以及第三方调查监督、控制服务过程中的行为规范、标准流程和顾客满意度，以保障所有服务都是按照当初的构想提供给顾客的。

通过服务推广之前的市场调查以及服务推广之后的多方监测，苏宁鼓励顾客参与到服务的开发、设计以及改进之中。顾客研究是苏宁一直致力推动的业务。全国店面反馈总部的一手信息和会员卡记录是挖掘消费者信息、进行顾客研究的数据来源。另外，学会倾听也是服务提供者的必备素质，这也为服务的改善提供了重要的信息。苏宁每年的倾听工程便是倾听消费者的批评、投诉，根据这些认真分析，提出第二年服务的改进方向，发布服务蓝皮书。同时，也将消费者有关产品的意见反馈给生产厂家。通过各种方式，获取消费者信息，从而达成与消费者"合作"开发、完善一项服务。

当一项新服务接受市场考验，符合需求之后，便会被苏宁固定下来，形成标准。而这些标准的确立在一定程度上也克服了由于服务无形而造成的衡量困难。2006年，苏宁推出了关于空调和平板电视两个专项的服务标准。

（三）深化品牌的服务精神

1. 认同企业文化带来完美执行

"人力资本是比货币资本更加重要的资本。"这是张近东经常说的一句话，意味深长。

苏宁市场策划管理中心常务副总监朱家桂介绍，苏宁的营销人才绝大多数都是自己培养出来的，苏宁更看重从企业里成长起来的人员对于企业文化的认同，对每一次品牌推广的精准把握。如苏宁很少从4A广告公司聘请人员进来。根据以往的合作经验，很多委托代理的广告公司对苏宁企业的认知不够，沟通起来比较复杂，因此，总体感觉还是需要自己把握。

2003年，苏宁招聘了1 200名应届大学毕业生，正式开始了从应届大学生中招聘优秀人才的"1 200工程"，采用"自主培养、内部提拔"的方针，目标是使应届大学生在两三年内成为中层管理的核心骨干。

每一位员工进入苏宁，苏宁首先都会想要他成为一名苏宁人，在苏宁中成长，服务成长中的苏宁。实现这一目的的重要途径，就是苏宁大学。2011年8月27日，苏宁大学正式揭牌，成为江苏省首家民营企业大学，这是面向苏宁电器集团中高层管理干部的培训中心（图1-28）。苏宁大学想要培养的就是真正适合苏宁的员工，让每位员工都能得到最适合自己职位成长的培训，让苏宁的品牌理念和规划都能够通畅高效地在企业内部得到传播。同时，每一位苏宁人的进步和成长也意味着苏宁企业和品牌的成长（图1-29、图1-30）。

图1-28　苏宁大学

2. 在企业社会责任中延伸服务精神

经历二次创业的苏宁，已经成长为营业收入近千亿元，人员规模达18 000人的大型企业。强大的经济实力，使得社会公众对企业品牌的期待不再囿于经济领域，而是多了一份"社会责任"的要求。张近东也多次强调："企业小的时候是个人的，长大了就是员工的，再大就是社会的、国家的。"（图1-31）

苏宁基于品牌的服务内核，进一步扩展了服务对象，不仅直接服务于为企业带来利润的消费者，还服务于供应商，服务于员工，服务于社会。

比如，苏宁将多年服务经验总结的标准流程供行业分享，与中国家用电器维修协会联合发布了《房间空调器安装质量检验规范》，也参与《家电延保服务规范》的起草，促进行业服务规范升级。

与此同时，苏宁还为员工提供福利、奖金和清晰的晋升渠道，每年号召员工向社会提供一天薪水、一天时间的"1+1阳光行"社工志愿者活动（图1-32、图1-33）。

图1-29　苏宁1200梯队形象

店长的一天

31岁的关杰是苏宁电器北京分公司刘家窑店的店长，他在苏宁的一天从会议开始，在会议中结束。每天早上先要开一个部门管理人员的会议，总结昨天工作计划的落实情况，布置今天的计划；紧接着便是一个所有店员参加的晨会，讲明今天的工作；晨会之后进行全店的巡视和走动，这些都是要在9点钟门店开门之前完成的工作；下午两点会再开一个会议，分析交流上午在销售中出现的问题；下午4点二次开店的时间，一般来说产品会有些凌乱，工作人员的状态会有些疲惫，在这个时候会按照早晨开店的规模和方式再次梳理；下午6点下班前的会议，业务店长讲今天销售的问题，行政店长讲人员管理和行政纪律方面的内容；晚上8点的会主要是总结，9点左右一天的工作基本上结束了。

关杰和他的店员每一天都是由这些大大小小的会议串联起来的，形式

▲ 案例组走访苏宁刘家窑店

也许有些繁复，但是能及时地掌握卖场的整体情况并做出反应。除了会议，关杰剩余的时间基本都是在卖场走动巡视，他坚持走动才能发现细节，关注每一个员工的心理变化，关心每一个消费者的购物体验。关杰说最忙碌的工作并不是每天的会议和巡视，而是在这些具体的工作之前进行的一系列的准备和计划，今年的"五一"促销方向是结合去年同期经验，年初就制定好的。

对于消费者来说，他们的服务就是对苏宁这个品牌最直观的感受，他也把维护苏宁品牌形象最基础的一环。有一次，距离开店还有一个多小时，关杰在上班的时候，看到一个70来岁的阿姨在门口坐着，那天天气比较凉，在询问之后，关杰得知她是想到苏宁买一台电视，就带她到了办公室喝水聊天。在聊天的过程中他知道了她的具体需求，后来让负责电脑的督导全程陪着她进行选购。"买不买不是最重要的，重要的是在我们这里你可以根据自己的需求买到产品，我觉得这是我们一个基本的服务要求。在我们看来，来我们店里的每一位顾客都是非常值得尊敬的，绝对不允许因为我们服务的问题导致顾客不满意的情况发生。"这是关杰对于门店服务的要求。苏宁在全国有1700多家的门店，每个店长、每位员工每天的工作都是如此，他们的微笑和服务就是苏宁品牌最好的诠释。

图1-30　店长的一天

连续四年发表《企业社会责任报告》

从2009年发布第一份CSR（企业社会责任）报告至今，苏宁已经连续4年发布《苏宁电器企业社会责任报告》。对于许多企业来说，CSR报告是"面子工程"，但对于苏宁来说，它不仅仅是"面子工程"。阳光服务是苏宁致力于打造的服务品牌形象，苏宁将自己的社会责任称之为"阳光使命"，并根据利益相关方为之确立了六个维度，即价值使命——对投资者而言，服务使命——对客户而言，共赢使命——对供应商而言，员工使命——对员工而言，环境使命——对环境保护而言以及和谐使命——对政府和社会发展而言。苏宁为履行社会责任建立了自上而下完整的管理机制，从战略和规划的部署，到项目预算的管理，从具体计划的制订到计划的层层落实。对于苏宁来说，这份报告不仅仅是一本宣传册，报告的背后是整个企业社会责任体系的运转，它同时也意味社会责任已经成为苏宁这个品牌的重要内涵，苏宁是一个负责任的品牌。

图1-31　企业社会责任报告

2006年2月28日，苏宁开始了"1+1阳光行"的社工志愿者行动，也成为国内首家成立大型社工服务制度的企业。"每年用至少一天的时间进行社会志愿服务，每年捐出至少一天的工资进行社会公益援助，这就是"1+1"的含义。如果每个员工都能做到（18万人），那么按照苏宁自己的计算，平均每天就会有493个员工在进行社工服务，每年苏宁员工的捐款总额就会达到420万元（2006年数据）。"1+1阳光行"不仅仅是苏宁履行社会责任的重要体现，更是苏宁阳光服务的品牌形象的延伸，苏宁服务的对象不仅仅是自己的客户，服务的内容也不局限于与业务相关，而是提升到整个社会的层面，服务社会的不再仅仅是企业行为，作为企业成员的每一个员工都被纳入其中。"1+1阳光行"不是一个简单的公益活动，而是一个体系化、制度化的公益服务品牌，"阳光服务"成了一个更加全面、丰满、更有说服力的品牌形象。

图1-32　阳光公益活动（1）

图1-33　阳光公益活动（2）

结束语

作为品牌观察者，我们总是习惯于从每一个案例、每一个品牌中细细地捋出一条条成功经验与规则。我们也时不时会反思，这种思路是否会让许多企业主产生"只要做品牌，只要遵从成功经验，就能成功"的误解。在做案例的过程中，苏宁的品牌策略打消了我们的这种担忧。

单独地去看苏宁的每一项品牌策略、每一次的媒体投放，也许看不出什么端倪，但是跳出品牌框架，看品牌与战略的关系时，我们发现苏宁的品牌策略始终坚持以战略发展为导向，紧密贴合战略，服务战略。正因为是以战略为导向，苏宁每一次广告投放、公关事件、促销活动、门店布局、标志设计等策略都能够回溯到战略层面，多元化品牌策略协同实现战略目标。这就是苏宁品牌成长最核心的攻略。

实训项目1.3：纵向广告宣传点的设计

1.学习目标
素质目标：培养学生运用马克思主义唯物史观思考问题，寻找商品的历史优势。
能力目标：培养学生发现、表达商品历史优点的能力。
知识目标：掌握纵向广告点设计的相关知识。

2.项目描述
学生自主选择感兴趣的一件商品，选择推广商品的三个历史性优点，并选择合适的表现形式。

3.任务实施
第一步，选择自己要推广的商品。第二步，选择推广商品的三个历史性优点。第三步，根据商品的三个历史性优点，设计商品广告的三种宣传形式。第四步，将三种广告形式放到同一媒介进行推广。第五步，广告投放一周的时间，通过浏览量或购买量等量化指标，比较三种历史性优点的传播效果。

4.项目测验
通过比较，从推广商品的三个历史性优点中选取效果最好的宣传点。

5.反思总结
思考并总结如何寻找商品的历史性优点，用300字左右阐释你的观点。

第四节　纵横结合的立体化广告案例：可口可乐

案例点评：可口可乐的广告采用纵向广告点和横向广告点相结合的设计思路进行立体化的设计，从而形成了一种对品牌的立体化全面宣传。

连续多年荣登全球最具价值品牌榜榜首，每天售出17亿杯，全世界每一秒钟约有10 450人正在享用它……在中国，连续八年被选为最受欢迎的饮料。这就是可口可乐在全世界、在中国市场创造的品牌奇迹（图1-34）。

"假如可口可乐的工厂被一把大火烧掉，全世界第二天各大媒体的头版头条一定是银行争相给可口可乐贷款。"这是可口可乐人最津津乐道的一句话，也是这个历史长达百年的品牌的底气。可口可乐的成功，得益于开疆辟土的市场谋略：乘改革开放春风之力重返中国、花重金在中央电视台播放广告，终于赢得经销商信任，在中国铺设了一条条通往消费者的经销渠道。它的成功，得益于适宜中国环境的"大品牌"公关传播策略：奥运会、世博会、大运会……大赛事上，可口可乐从不缺席，而与中国权威高、覆盖面广的中央电视台的合作更是将其作为有品质、有实力、有精神的"大品牌"形象展示得淋漓尽致。它的成功，还得益于以青少年为目标对象所进行的倾情营销，得益于为培养消费者品牌忠诚所做的努力，得益于真正地融入了中国市场。可口可乐在中国的每一步都深谙经营之道，这是一个成熟品牌在中国奏响的欢乐节拍。

作品欣赏：可口可乐平面广告集锦

图1-34　可口可乐的品牌自信

时间回到1886年，那一年可口可乐诞生。最初可口可乐只在雅格药房出售。而到1895年，可口可乐在全美国各州都有售卖。随着产品越来越受欢迎，市场上也出现了花样繁多的"山寨"产品。1915年，可口可乐公司决定要设计出一款"即使在黑暗中也能轻易辨别的可口可乐包装"——这就是可口可乐弧形瓶的诞生。

关于这个经典瓶身的设计有很多传说，其中一个是这样的：一位名叫亚历山大·山姆森的玻璃工人在同女友约会时，女友穿着一套连衣裙，臀部凸出，腰部纤细，非常好看。约会结束后，他突发灵感，要根据女友穿着这套裙子的形象设计出一个玻璃瓶。经过反复修改，瓶子设计得非常美观，像一位亭亭玉立的少女，亚历山大·山姆森立即申请了专利。

这种曲线瓶子给人以甜美、柔和、流畅、爽快的视觉和触觉享受。工业设计师雷蒙德·洛伊对可口可乐窄裙瓶的评价融入了更多的感情色彩，他称这种造型完美的瓶子"女人味十足"。

瓶子的经典设计只是可口可乐作为全世界著名品牌的冰山一角。已有130余年历史的可口可乐在中国的成长同样不乏传奇。从产品到活动，它让中国消费者听到这样的心声——"可口可乐是世界的，也是中国的！"

这是一个成熟品牌的中国式发展样本，采撷多年沉淀的品牌理念，借助央视这样的大平台，强强联手，将可口可乐品牌在今天的舞台上进行重塑，从而获得了持续性的发展，创造了一段品牌的不老传奇。

一、开启传奇的破冰之旅

1886年，当药剂师彭伯顿在美国佐治亚州亚特兰大市家中后院调制出新口味糖浆时，他绝对想不到一百年后，这款糖浆会成为全世界最受欢迎的饮料。而当1949年可口可乐带着遗憾悄然离开中国时，没有人会想到，30年后它会在中国市场重振威风。成功从来不是缘于偶然，可口可乐重返中国市场开启传奇之旅，凭借的是敢为天下先的勇气、独到的市场眼光与抢占制高点的谋略。

（一）不失时机，一马当先返中国

如今，在中国的大街小巷，可口可乐是随处可以买到的寻常饮料。可口可乐早在1927年就进入中国，却在1949年与其他外资企业一起被请出了中国市场。20世纪70年代，改革开放之风在中国酝酿，可口可乐试图重返中国。

经过一番努力，1978年12月13日，可口可乐与中粮总公司在北京饭店签订协议。协议规定，美方采用补偿贸易等方式，向中国主要城市和游览区提供可口可乐制罐、装罐和装瓶设备，在中国开设专厂灌装并销售；从1979年起，在装瓶厂建立起来之前，可口可乐用寄售方式由中粮总公司安排销售。可口可乐一位员工说："可口可乐宣布重返中国市场的第二天，我们就把可口可乐从香港用火车运来北京。'反应迅速'从来都是我们的光荣传统。"（图1-35）

图1-35　兴高采烈的可口可乐宣传现场

"机遇总是留给有准备的人"。可口可乐未雨绸缪，等待时机，终于成为中华人民共和国成立后进入中国市场的第一家外资企业。

（二）敢"吃螃蟹"，几经波折见日明

可口可乐在中国经历的第一次风波关乎建厂地址。其实早在1927年，可口可乐就曾在上海设立工厂——正广和汽水厂。可是，当1979年中粮总公司与上海有关部门联系，试图在旧地上重建工厂时，遭到了上海方面的强烈抵制。无奈之下，可口可乐将装瓶厂设在北京五里店。当时所谓的"工厂"，实际是一间由中粮总公司下属北京分公司的烤鸭厂腾出来的车间。根据合作协议，中方每年花30万美元购买浓缩汁，其他生产线全由可口可乐公司免费赠送。在投入了近100万美元后，可口可乐在中国的第一个瓶装厂终于在1981年4月建成投产。北京五里店成为可口可乐"新中国梦"开始的地方。

接踵而至的咖啡因风波使可口可乐面临的形势更加严峻。1983年，有些地方以"可口可乐含有咖啡因，不符合卫生标准要求"为由，阻止可口可乐在市场销售。他们的根据是，东北一个研究所给白鼠喂了可口可乐之后，白鼠十分兴奋。为了反驳这个说法，可口可乐拿着从全世界200多个国家和地区搜集的关于咖啡因的资料去游说中国政府。理由是：中国的传统饮料"茶叶"，所含的咖啡因是同等浓度可乐的6倍，但中国人照常喝；咖啡所含的咖啡因则是可口可乐的几十倍，但没有一个国家禁止卖咖啡。在事实面前，可口可乐峰回路转，得到了可以在国内销售的批示。

尽管如此，各地经销商仍处于观望状态，还是不敢卖。可口可乐真正打开销售渠道是在中央电视台播放广告之后。

(三）培育市场，成就标杆居第一

获得内销的资格，并凭借央视广告初步拥有一定知名度的可口可乐，刚开始的销售依然举步维艰。当时，中国老百姓的购买力仍然十分低下，普通人一个月的工资才几十元，而买一瓶可乐要花四毛多，相当于工资的近七十分之一。因此，谁也不会无缘无故地买一瓶喝起来像糖水却又不便宜的饮料。

随着人们消费能力的逐渐提高，可口可乐作为少见的舶来品悄然地流行开来并成为一种时尚。这种潮流体现在1984年美国《时代周刊》的一期封面上，一个普通的中国人手里拿着可口可乐，站在万里长城上，面露微笑（图1-36）。

图1-36 1984年《时代周刊》拿可口可乐的中国人封面

可口可乐在中国成功培育了可乐这一市场，并以独特的口感和时尚的气质渐渐赢得一波又一波的消费者，树立了行业的标杆，占据了行业的高位。这使得后来的追随者、竞争者难以逾越。

二、借力大媒体、参与大赛事

可口可乐在国际上是一个大的品牌早已是不争的事实。它有骄人的销量，有遍布全球的产品线，有麦当劳和迪士尼等顶级合作伙伴；有激情、活力、乐观、快乐分享等品牌理念和价值观；有全球范围大手笔的公关传播活动……但在对世界缺乏了解的中国消费者心目中，可口可乐也只是一种新鲜的产品，它虽然制造了时尚，引导了潮流，但是要在中国扎根，还必须向中国消费者证明它是一个国际大品牌。

（一）借力大媒体，衬托品牌形象

中国是一个中央、省、市、县四级办媒体的国家。不同级别的电视台，其覆盖面、影响力不同。但是只有在中央电视台销售的品牌，才会被认为是一个全国性品牌或大品牌。中国的全国性大品牌几乎都是依赖央视塑造出来的。

进入中国三十几年来，深谙品牌形象塑造之道的可口可乐，与其合作的媒体数不胜数，但是它始终坚持投入并最为重视的，就是与中央电视台的亲密合作。

首先，中央电视台是中国最权威、最具影响力的电视台，能在中央电视台播放广告的品牌，都是行业内最具实力的品牌，是品质有保证的品牌。可口可乐虽然是一个大品牌，有品质和实力，但为了不让人觉得衰老或衰退，也必须经常通过央视的展示来加以证明。

其次，中央电视台作为中国最大的电视台，拥有奥运会、世界杯等大赛事转播的优势资源，这是其他媒体无法比拟的。赞助奥运会等大赛事是可口可乐的传统，而在央视投放广告，有利于整合营销传播资源，让消费者既能在广告中，又能在赛事上看到可口可乐，加深"可口可乐是个大品牌"的印象。

再次，央视是覆盖面最广的媒体，是任何一级市场的先锋媒体和最具影响力的媒体。当其他媒体还不能在一线城市形成整体影响时，央视的市场影响已经存在了。当其他媒体纷纷挤进拥挤的一线城市时，央视已经将其市场影响力拓展到二线城市。现在，尽管众多卫视都在攻城略地，尽管众多网络发展迅猛，但是在中国的三四线城市以及农村市场，又有谁可以与央视争锋呢？可口可乐正是借助于央视的传播，将其足迹从一线城市拓展到二线城市，从二线城市发展到三线城市。

最后，央视传播是品牌健康的象征。中国市场，各种各样的品牌"你方唱罢我登场"，只有那些发展良好的品牌，才可能在央视上持续出现。换而言之，当消费者无法了解一个品牌是否可靠、是否在健康发展时，该品牌是否持续在央视做广告就是他们的一个重要的判断标准。

（二）参与大赛事，彰显品牌实力

在大媒体平台上，如果只是"小打小闹"进行小规模营销，不仅浪费广告费用，也会浪费平台资源。只有针对大赛事进行集中投入，借助大媒体进行天罗地网式传播，才会得到轰动的效果。

奥运会、世界杯、大运会……这些都是中国观众十分关心的重要赛事。这些消耗大量人力、物力、财力的"大赛事"，通过媒体的直播、转播、重播可以到达庞大的受众群体。赞助这些大赛事或与其形成合作伙伴关系的企业，不仅可以大幅度地提高品牌知名度，还可以塑造实力雄厚的品牌形象。

可口可乐采取其成功的一贯做法，与许多大赛事进行深度的合作以在中国市场塑造大品牌形象，这从可口可乐与2008年北京奥运会的合作就可见一斑。

可口可乐与2008年北京奥运会的合作从申奥成功前就已经悄然开始。2001年7月13日，萨马兰奇宣布北京为2008年奥运会主办国的话音刚落，可口可乐北京装瓶厂申奥成功纪念罐的生产线便全面启动。4万箱纪念金罐带着刚从生产线上退下来的余温，连夜送往各大超市和零售摊点。同时，可口可乐公司还将长安街两侧的广告牌全部更换成以"为奥运牵手，为中国喝彩"为主题的申奥成功金色包装画面。这一切，对于北京申奥成功后欢喜雀跃的中国人都是一场惊喜。

然而，申奥纪念罐的推出背后其实是一场"赌博"，如果北京申奥败北，已经生产好的纪念罐就只能销毁，为此付出的心血和投资也付诸东流。是冒着风险在见证北京申奥历史中扮演让人难以忘记的角色？还是等到消息确凿后开始与其他品牌一起为纪念申奥成功做准备？可口可乐毫不犹豫地选择了前者。如今其首款纪念罐作为收藏品，身价最高已经接近千元（图1-37）。

图1-37　可口可乐北京奥运会"申奥"成功纪念罐

2003年8月3日，伴随着2008年北京奥运会新会徽的揭晓，100万只印有新会徽的可口可乐限量精美纪念罐也正式上市（图1-38）。可口可乐公司成为北京奥运会顶级赞助商中第一家被授权使用奥运新会徽的公司。北京长安街上的可口可乐广告牌又很快换上了最新的祝贺广告。可口可乐奥运新会徽纪念罐顷刻成为市民热情追捧的收藏品。

2005年11月11日是北京2008奥运会倒计时1 000天的日子，也是北京2008奥运吉祥物发布的日子。可口可乐公司再次抢得先机，在北京2008奥运吉祥物官方揭幕的同时推出了北京奥运吉祥物纪念罐（图1-39）。

图1-38　可口可乐北京奥运会新会徽纪念罐

图1-39　可口可乐北京奥运会吉祥物纪念罐

2007年，可口可乐宣布成为北京奥运火炬接力全球合作伙伴，连续推出市场推广、火炬手选拔、火炬接力沿途活动等一系列火炬接力活动。随后，可口可乐再次发布"奥运星阵容"，邀请姚明、刘翔、易建联等多名中国最耀眼的体育明星同时亮相。在获得了1 188名奥运会火炬手和护跑手的名额后，可口可乐把所有的火炬手名额都给了消费者，并通过3亿人次网上投票得到了火炬手名单，实现了其所倡导的全民奥运。

在一系列深度嵌入的奥运营销中，可口可乐将自己的品牌与北京奥运紧紧捆绑在一起。当消费者尚沉浸于此时，可口可乐已面对伦敦奥运发起了"加入中国节拍，助威2012伦敦奥运"的活动（图1-40）。至2012年6月，收集了1.6亿多万个节拍。

图1-40　奥运明星助阵可口可乐"加入中国节拍"活动

"中国节拍"的主题来源于此次全球营销主线"Move To The Beat（随乐而动）"，但是在中国，它被赋予了"加油"的意义。在伦敦奥运项目中，可口可乐会在其官方活动平台推出一系列与"中国节拍"相关的网络营销活动，内容包括初始的奥运系列宣传片和活动启动后的节拍收集。活动期间，可口可乐会在官方网站征集消费者上传的"加油节拍"，并把它们融合在一首名为《中国节拍·震动世界》的奥运加油歌曲中，送给中国代表团。

事实证明，可口可乐赞助大赛事，借力大媒体的公关和广告策略取得了很好的效果。如今，可口可乐"大品牌"的形象已深入中国消费者内心。借用一位消费者的话来说："亲和，但绝对有实力！"

三、瞄准新一代的激情营销

任何品牌要长久生存发展，都必须不断培养新一代消费者。可口可乐时时瞄准刚刚具备消费能力的青少年群体，紧紧抓住他们有活力、有激情的特点，针对性地开展营销传播。

（一）网络互动活动，传递趣味欢乐

在日益发展的网络环境中，可口可乐凭借对消费者心理的精准把握和对数字媒体发展趋势的有力掌控，以广受年轻消费者欢迎的网络营销活动为切入点，开启了品牌互动与沟通的大门，营销效果卓著。

可口可乐营销活动的主要目标群体锁定在16岁到24岁的年轻人，以高中生、大学生及年轻上班族为主，他们不仅是当前碳酸饮料的主要消费者，同时也是网络的重度使用者。可口可乐的网络品牌营销平台www.iCoke.cn，自2006年上线以来，已成为中国数字营销领域的经典之一。在不到一年的时间内，它迅速吸引了3 000万的网民成为会员，并通过其独特的积分奖励方式，与多个热门网络媒体平台与手机平台合作，成功地与消费者建立了长期而深入的沟通。

可口可乐"美汁源果粒橙—笑赢千金"的活动至今仍为营销界和青年群体所津津乐道（图1-41）。美汁源果粒橙自2004年在中国推出以来，以富含阳光果肉的特性深受消费者喜爱。2010年，可口可乐公司与国内最早最大的视频分享网站土豆网合作，向中国网民召集"乐子达人"，分享身边无处不在的快乐。活动以"一笑千金"激发青年网民的兴趣，为参与比赛的"乐子达人"开出1 000克黄金的终极大奖。

图1-41　"美汁源果粒橙—笑赢千金"活动

新鲜的活动模式吸引了大量的年轻人：参与方式简单便捷，任何喜欢讲笑话分享乐子的人，都可以拿起手中的摄像机、照相机甚至是手机拍摄一段讲笑话的视频，上传到土豆网，也可以直接报名参加北京、上海、深圳、沈阳的地面比赛。活动形式生动有趣，网友不仅是选手最终排名的评判者，连参赛的选题、选手PK的组合都完全由鼠标来决定。这种前所未有的互动体验，让青年网友们有了一种"我的活动我做

主"的参与感，零距离地融入活动进程当中。活动效果是喜人的：活动共吸引了超过1 300万人次参与，网络赛区的视频上传总数超过11 000件，网友评论近30万条，收看总决赛节目的观众对于"美汁源果粒橙一笑赢千金"冠名品牌的正确识别率达到81.2%……更重要的是，在网友留言评论中，有80%以上的留言表示对整个活动和美汁源品牌的印象是：乐趣、幽默连连、有创意。

可口可乐认为互联网本身是一个文化圈，培养青年消费者要从文化认同开始。所以，它巧妙地将年轻人所喜爱的网络内容加以嫁接，在轻松愉快的环境下让消费者自然地体验欢乐和趣味，从而感受到品牌的活力。

（二）释放运动激情，打造音乐梦想

音乐和运动是年青一代永不落伍的流行元素。可口可乐鼓励并激发年轻人对音乐的执着热情，坚持自己的音乐梦想，实现自我价值，并出资赞助支持深受年轻人喜爱的各项体育赛事和活动，把激情与活力的品牌个性融入其中。

长期以来，可口可乐公司以其旗下"雪碧"品牌为先锋，用脍炙人口的广告语"透心凉，心飞扬"把年轻人飞扬青春活力、展示自我个性的主题诠释得淋漓尽致。而"我型我秀"音乐主题活动更让年轻人的音乐梦想扬帆起航。2006年，雪碧"我型我秀"在21个城市进行地区比赛，长达4个月的电视真人秀有十万名选手直接参加，得到上千份平面媒体报道，与超过360 000位中国的年轻消费者互动。配合播出的雪碧2006年广告"沙漠旅行篇"由何洁、林俊杰、Se7en（韩国歌手崔东旭）演出，三人驱车在沙漠旅行途中口干舌燥，喝过雪碧之后顿感清凉畅爽，纷纷以优美的跳水姿势跳下车去，落地的瞬间沙地变成了湛蓝的水池，连宠物狗都跟着跳下水。沙漠的燥热因为雪碧的魔力瞬间变得清爽飞扬。广告背景音乐正是三人演唱的"透心凉，心飞扬"广告歌，充满"自由舒畅奔放的飞扬感觉"，一起寻找清凉的方向，以"雪碧让我心飞扬"结尾，将雪碧清凉舒爽的特质、我心飞扬的青春表现得淋漓尽致。

2008年，可口可乐首创网络虚拟奥运火炬活动项目吸引了近7 000万的网民参与火炬在线传递。可口可乐用网友上传的照片制作的在线奥运畅爽拼图鼓励全国消费者分享各自精彩的奥运体验照片，抒发奥运情

怀。最终得到中国网友上传的2 800万张照片，汇集成史上最大的在线拼图（图1-42）。

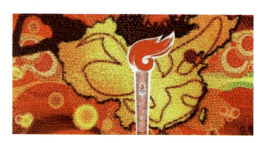

图1-42　由网友上传照片组成的拼图

不少人对2010年南非世界杯可口可乐大使"啵乐哥"记忆犹新：为了给中国的球迷带来原汁原味的非洲音乐，可口可乐邀请"啵乐哥"来华，走遍国内12个城市，结合生动的可口可乐世界杯路演活动，通过他独创的"啵乐乐乐乐"畅爽舌音，向人们展现非洲人的狂热激情，吸引近1亿球迷狂欢。与此同时，南非世界杯可口可乐主题曲Waving Flag（飘扬的旗帜）大热，甚至不少电台和电视台误认其为世界杯的主题曲。在中国，可口可乐邀请歌神张学友和海豚音小天后张靓颖演绎国语版本《旗开得胜》，伴随着强烈非洲气息的鼓点节拍，欢快而富有激情的节奏立刻点燃了在场者的热情。

在中国"啵乐"大使的竞选和后期的"创意狂欢大比拼"中，可口可乐在其具有3D形象的网络社区进行推广，同时与腾讯、人人网、开心网等网站合作，给年轻的群体带来全新有趣的互动沟通体验。面对2010年世界杯营销所获得的业界好评，可口可乐大中华区高级市场总监嘉景荣有感而发："可口可乐与世界杯相伴六十载，我们之间的默契合作沉淀而成的文化和智慧，使我们的世界杯营销活动更能贴近球迷，更容易为球迷接受和津津乐道。我们很兴奋能与近亿球迷共度100多天的欢乐时光，中国球迷的热情让我们甚为欣喜，未来可口可乐仍将一如既往，为中国消费者带来非同寻常的畅爽体验。"

（三）更新明星口号，加强情感交流

可口可乐善用代言人，通过年轻人所喜爱和崇拜的明星建立与青年的情感联系。从第一位代言人出现至今，可口可乐已经以充满时尚与创意的形象走过百年历史。进入中国市场后，可口可乐的代言人几乎成了华人明星潮流的风向标，并且不断有新的明星加入可口可乐的代言阵容（图1-43）。

欧美	亚洲地区
Licky Martin	谢霆锋
Whitney Houston	林俊杰
Shakila	李宇春
Britney Spears	林心如
David Beckham	王力宏
Jennifer Lopez	林依晨
Beyonce Knowles	潘玮柏
Pink	张柏芝
Henry	张韶涵
Shinhwa	刘翔
	姚明
	郭晶晶
	余文乐
	S.H.E
	飞轮海
	容祖儿
	何维健
	陈伟霆
	苏打绿
	张根锡
	安室奈美惠
	张惠妹
	金贤重
	王珞丹
	金泰熙
	2PM
	山下智久
	堂本光一
	陈一冰
	何姿
	孙杨
	张继科
	五月天
	阿信
	金秀贤
	张亮
	鹿晗
	Twins

图1-43　可口可乐代言人

2001年，可口可乐邀请谢霆锋为其拍摄电视广告，并在此后先后与张柏芝、Twins组合、S.H.E组合、潘玮柏、余文乐、飞轮海、王力宏、林依晨、王珞丹、郭晶晶、刘翔等合作，他们青春逼人，以鲜明的个性与最新的时尚风格，阐释可口可乐充满活力、阳光与激情的品牌形象，完美融合、相得益彰，使广告和公关活动卓有成效地提升了可口可乐的品牌价值，也对喜爱这些明星的青少年产生了很大的影响。

2005年，由刘翔、潘玮柏、余文乐和S.H.E组合6个青春偶像联袂主演的可口可乐"要爽由自己"情景电视系列广告讲述了现实生活中6位年轻人的故事。在两幢相邻的公寓里，年轻的男孩女孩因半瓶可乐相识。随着感情升温，一对年轻人开始恋爱。任家萱面对潘玮柏的大胆示爱，语出惊人："从来都是我主动！"实实在在地向观众呈现"要爽由自己"的爱情宣言。广告播出后，在中国城市的年轻人中引起了极大的共鸣，因为广告反映了他们对自由表达自我和追寻情感的强烈愿望。

年轻人的心中总有着诸多的念想和不安定，也很容易受到环境的影响。可口可乐敏锐地把握住了这一点。综观其广告语的变化，尽管都围绕着欢乐、爱等进行诉求，但无论是在表达还是主题上都因时而变。19世纪80年代，可口可乐用"可口、清新、快乐、活力"表现其能保持和恢复活力的功能，试图通过广告语将自己与快乐和潮流联系起来。"喝杯可口可乐笑一笑""一杯可乐，一个微笑""抓住这个潮流，红的、白的和你的""挡不住的感觉！"……都传达了这样的感情。进入20世纪，可口可乐广告语开始倡导个性化的生活。"活出真精彩""要爽由自己""抓住这感觉""爽滑尽享"。至2010年，"你想和谁分享新年第一瓶可口可乐"这类广告语让中国消费者重新思考身边弥足珍贵的亲情、友情和爱情。

通过使用明星偶像进行代言，敏锐捕捉流行风尚和消费者心理，可口可乐在年轻人心目中培育了健康、快乐、积极、向上的品牌形象。作为一个百年品牌，它显得那么年轻而有活力，那么有趣而富有个性（图1-44）。

图1-44　可口可乐电视广告截图

四、培养消费习惯、建立品牌忠诚

一个品牌的生存和发展，既要不断地开拓新的市场，吸引新的消费者，也要维护和巩固已有的市场，留住已有的消费者。

任何消费者都有可能因为个人、环境或品牌的变化，而放弃自己曾经使用的品牌。一个优秀的品牌，必须想方设法使消费者放弃自己的品牌的可能性降到最低。为此，可口可乐煞费苦心，先后制定营销上的"3A原则"和"3P原则"。

（一）产品触手可及

任何消费习惯的形成，除了产品本身的魅力之外，产品获得的方便性至关重要。为了让喜欢它的消费者能够长久忠诚，可口可乐先是推出为人熟知的"3A原则"，即买得到（availability）、买得起（affordability）、乐得买（acceptability），并在1995年将由"3A原则"发展而来的全球营销战略"3P原则"用到了中国市场。所谓的"3P原则"，指的是无处不在（Pervasiveness）、心中首选（Preference）和物超所值（Price to value）。

为了实现"无处不在"，可口可乐做出了一系列的努力：首先是解决生产问题。在中国，可口可乐的主要装瓶合作伙伴包括太古饮料有限公司、中粮可口可乐饮料有限公司以及可口可乐中国实业有限公司。仅2009年到2010年两年间，可口可乐与合作伙伴就携手兴建了6家装瓶厂。至2017年11月，在华装瓶厂的数量已达到45家。其次是解决渠道问题。早在1988年，雪碧、芬达登陆上海时，可口可乐就跳过各类中间环节，掀起了一场生气勃勃的终端革命：各装瓶厂建立了一支庞大的业务员队伍，配备摩托车，奔走于大街小巷的零售店，直接将产品送到各个终端，投入大量冰柜、冷水箱，免费提供给零售店。时至今日，可口可乐真正变得随处可见，成为中国人触手可及的饮料。

（二）沟通情感联系

建立品牌与消费者千丝万缕的情感联系，让可口可乐成为饮料类不可取代的情感寄托者，是可口可乐在全球市场上的目标，中国市场当然也不例外。除了利用重大事件拉近与消费者的距离外，可口可乐的"共富哲学"也给中国人带来了福利。在可口可乐公司眼中，不论是分销商、装瓶厂，还是从事货运、瓶子生产的人们，都是可口可乐的"共富"伙伴。可口可乐在充当地方经济贡献先锋和交税大户的同时，创造了大量工作岗位。2017年，可口可乐中国系统员工已超过5万人，而99%的员工为中国本地员工。"共富"的智慧让可口可乐的员工们深刻地体会到洋品牌带来的利益。

与此同时，可口可乐及其装瓶厂在中国长期以来不遗余力地支持教育及公益事业，推广可持续环境项目，帮助当地社区的发展。2009年，"希望工程20年特殊贡献奖"揭晓，可口可乐公司光荣上榜。自1993年以来，可口可乐作为最早支持中国希望工程的国际企业之一，支持希望工程近20年，捐资超过1.5亿元人民币，超过10万名农村贫困地区儿童受益。2008年汶川地震的第二天，可口可乐公司捐赠的饮料就已经送往灾区。可口可乐中国系统第一时间为四川灾区捐赠了超过2 000万元人民币。其后，可口可乐系统还追加捐资8 000万元人民币，帮助受灾学校的重建，捐赠数额达1亿元人民币。时任可口可乐大中华区及韩国区总裁戴嘉舜说："这一刻，我们都是中国人。"

不论是有重大事件的时节，还是平凡的每一天，可口可乐正是通过这张情感大网，使得新顾客源源不断，老顾客不离不弃，让可口可乐成为许多中国消费者生活中不可或缺的产品。

（三）加强情境营销

可口可乐大中华区高级市场总监嘉景荣曾经说："凡是消费者关心的事情，可口可乐公司都会参与其中。"可口可乐试图将消费者心中每一个心动的时刻与这一款特殊的饮料联系在一起，抓住一切"畅爽"感觉的机会进行营销。凡是能燃起消费者心中或温馨火光或激情火焰的关键词，都成了可口可乐营销和广告的重心。

你在什么样的场合会喝可口可乐呢？如果你看过"可口可乐带我回家"的罗志祥篇和刘翔篇，你会感受到合家团圆时刻用可乐庆祝的愉悦，那么在农历春节，在这个对无数中国人而言非常重要的时刻，或许你也会在团圆宴席上摆上一瓶可乐。

你在什么时候会喝可口可乐呢？如果你记得这样一个场景——烈日当头，歌星王力宏被阳光刺得睁不开眼，无奈之际走向报刊亭，向老板要了一瓶可口可乐，他在喝了一口之后立刻摇身一变，活力四射；与此同时，原本同样沉闷的带小狗的女人，拍大头贴的年轻人，足球赛的观众，也都因为喝了可口可乐而神采飞扬；那么，或许在炎炎夏日，在酷热难耐之际，你也会畅饮可口可乐，感受"爽动起来，畅爽开怀"的感觉。

你在什么环境下会喝可口可乐呢？香港歌手蔡卓妍曾向我们呈现这样一个故事：滚烫麻辣的火锅，引得众人不断哈气，大汗淋漓，就在每个人感觉辣到受不了，热得忍不住时，蔡卓妍率先冲向冰镇的可口可乐，众人立即跟上，喝了一口后，舒爽的感觉立刻遍布全身。"打边炉（吃火锅），饮可口可乐"被表达得淋漓尽致。如果你隐约记得，那么在吃火锅的时候或许就会不经意地叫上一瓶可口可乐。

你在什么样的氛围下会喝可口可乐呢？如果你听到，在奥运会的现场，无数观众手拿可口可乐为运动员欢呼呐喊；如果你看到，在世界杯球场，无数球迷挥舞可乐罐挥洒热情；那么，与好友相约看比赛时，或许你也会忍不住带上两罐可口可乐，欢呼畅饮。

通过在广告中讲述一个个故事，可口可乐为我们勾勒了一幅幅与亲人、与朋友畅饮的生动画面。在每个极富生活气息与欢乐感染力的场景中，可口可乐都自然地融入其中。成功的情境营销，让消费者在饮用可口可乐的同时，能够回味和体验到往日的欢乐。

五、中国式产品，中国式传播

几十年前，在刚刚睁眼看世界的中国消费者眼里，可口可乐是那么的新鲜和稀奇，以至于人人都想得之、饮之而后快。然而在那股新鲜劲和崇洋心态淡化后，回归文化、回归传统、回归自我却也是必然的。面对发生在中国市场的这种变化，可口可乐通过开发中国式的产品和进行中国式的传播，真正地融入了中国市场。

（一）本土化产品

可口可乐刚进入中国时被看作一种"奢侈品"，其独特的口味赢得众多中国消费者的青睐。然而可口可乐毕竟只是一类饮料，难以满足不同消费者的需求。随着不同类型的饮料进入市场，消费者有了更多选择。可口可乐发现，中国消费者崇尚健康饮品，茶、果汁、奶等一直被视为不同类型健康饮品的代表。于是，可口可乐研制出了不同的产品：针对偏好天然饮品的消费者，可口可乐推出了美汁源等果汁类饮料；针对喜爱传统饮品的消费者，可口可乐推出原叶、雀巢冰爽茶等茶饮品；针对喜欢营养饮品的消费者，可口可乐推出了含有牛奶的果粒奶优；针对爱好西式饮品的消费者，可口可乐推出了雀巢咖啡饮品，其中有中国人喜爱的"巧克力味"；针对注意健康低热量的消费者，可口可乐推出了热量较低、不含糖的零度可乐。另外，可口可乐还推出了普通的矿泉水如冰露、水森活、怡泉以及有益人体的维他命水等。可口可乐各式各样的产品，广泛地满足了中国消费者的不同需求。不仅如此，可口可乐还分别用地道的中国名字来为这些产品取名（图1-45），使得这些产品彻底中国化，不是搞营销、广告的消费者，几乎都不清楚这是美国可口可乐公司推出的品牌，而以为是中国土生土长的品牌。而恰恰是这些新的品牌，帮助可口可乐公司在中国饮料市场上打开了一片广阔的新天地（图1-46）。

品类	年份	品牌
汽水	1997	醒目
水	2001	水森活
	2008	冰露
果汁	2005	美汁源果粒橙
乳饮料	2009	果粒奶优
茶	2004	茶研工坊
	2005	健康工房
	2008	原叶茶

图1-45　可口可乐在中国市场历年推出的部分品牌

图1-46　可口可乐全家福

（二）本土化传播

作为全世界饮料界的巨人，可口可乐深谙全球思考、本土战略这一点。第一次在中国拍摄广告，第一次请中国广告公司设计，第一次邀请中国演员拍广告……在各种广告和公关活动中，可口可乐实现了从中国制造到中国创造的飞跃。

可口可乐尊重、理解并善于利用中国文化。早在1933年，可口可乐就在上海分发了5 000张中国式广告招贴画。1997年春节，可口可乐在中国推出了"风车篇"电视广告，以中国东北地区村民庆祝农历新年为题材摄制，并在全球播出。片中欢笑的孩子以及迎风转动的风车寓意吉祥，象征新年的好景象，表达向世界华人社会恭贺新年的一片心意。在整个画面中，有传统中国色系的朱红色风车、有穿棉袄的东方面孔的小孩笑逐颜开、有传统乐器的旋律、随风摇曳的红缨穗、驱逐马车赶集等人们熟悉的中国元素的运用，亲切而温暖。

2001年，可口可乐通过调查发现，身着红色小肚兜、头顶一撮头发的小阿福形象是消费者最受欢迎的新年吉祥物之一。于是，可口可乐从2002年至2005年春节连续4年配合春节促销活动，分别推出了小阿福、小阿娇拜年的系列品牌运动——2002年推出"春联篇"，2003年推出"剪纸篇"，2004年推出"滑雪篇"，2005年则推出"金鸡舞新春"篇。这些具有强烈中国色彩的广告把可口可乐与中国传统春节中的民俗文化及元素如鞭炮、春联、十二生肖等结合起来，传递了中国人传统的价值观念——新春如意，合家团聚。2005年，可口可乐更是成功搭乘雅典奥运快车，以"可口可乐带我回家"为主题，把亚洲飞人刘翔和阿福、阿娇融合在一起，加之醒目的红色画面，传递了一个更为深入人心的传统的中国人情怀——新春如意，合家团聚，实现了国际化与本土春节民俗的完美结合。

2010年上海世博会深受国人的关注，作为世博会的全球合作伙伴，可口可乐推出了印有吉祥物海宝图案的限量版可乐瓶和以各个城市为主题的纪念铝瓶（图1-47）。针对中国这一美食大国，可口可乐还推出"欢聚世博盛宴，乐在中华美味"活动，邀请来自中国各个省份的顶级名厨展示高超的烹饪技巧，并开展品尝活动。同时，可口可乐的一系列中华美食电视广告配合该活动在全国播映。这些表现，使可口可乐俨然一个地道的中国品牌。

图1-47　可口可乐世博会纪念瓶

实训项目1.4：纵横结合的广告点设计

1.学习目标
素质目标：培养学生运用马克思主义唯物史观和辩证法思考问题，寻找商品的历史优势和具体优势。

能力目标：培养学生发现、表达商品历史优点的能力，以及培养学生将历史与现实结合的能力。

知识目标：掌握纵横结合广告点设计的相关知识。

2.项目描述
学生自主选择感兴趣的一件商品，选择推广商品的三个历史性优点，选择商品内在的三个优点，寻求历史性优点与商品内在优点的结合点，并选择合适的表现形式。

3.任务实施
第一步，选择自己要推广的商品。第二步，选择推广商品的三个历史性优点及商品内在的三个优点。第三步，寻求历史性优点与商品内在优点的结合点。第四步，根据两者结合点制作商品宣传形式，并进行媒体推广。第五步，广告投放一周的时间，通过浏览量或购买量等量化指标，比较纵横结合点设计商品的传播效果。

4.项目测验
通过比较，寻找推广商品的三个纵横结合点。

5.反思总结
思考并总结如何寻找商品的纵横结合点，用300字左右阐释你的观点。

第五节 追求画面意境的广告案例：松下电器

案例点评："松下电器"拍摄最大的特色是画面清新，节奏舒缓。广告中镜头多以固定镜头为主，意在营造一种安静祥和的气氛，突出此款商品能给人带来健康舒适的生活环境。

一、案例"松下电器"的分镜头设计

案例"松下电器"的分镜头设计如图1-48～图1-90所示。

图1-48　"松下电器"分镜头1

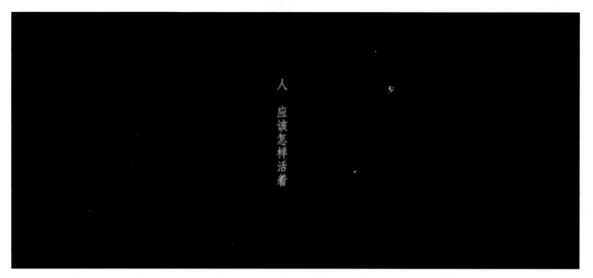

图1-49 "松下电器"分镜头2

图1-50 "松下电器"分镜头3

图1-51 "松下电器"分镜头4

图1-52　"松下电器"分镜头5

图1-53　"松下电器"分镜头6

图1-54　"松下电器"分镜头7

图1-55 "松下电器"分镜头8

图1-56 "松下电器"分镜头9

图1-57 "松下电器"分镜头10

图1-58 "松下电器"分镜头11

图1-59 "松下电器"分镜头12

图1-60 "松下电器"分镜头13

图1-61 "松下电器"分镜头14

图1-62 "松下电器"分镜头15

图1-63 "松下电器"分镜头16

图1-64　"松下电器"分镜头17

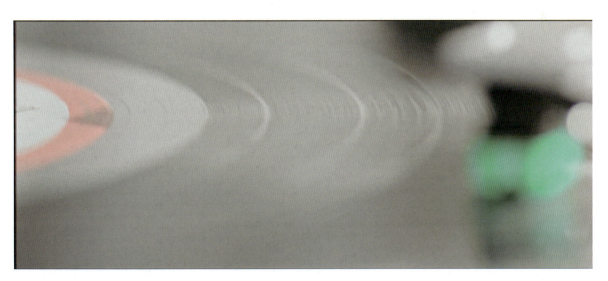

图1-65　"松下电器"分镜头18

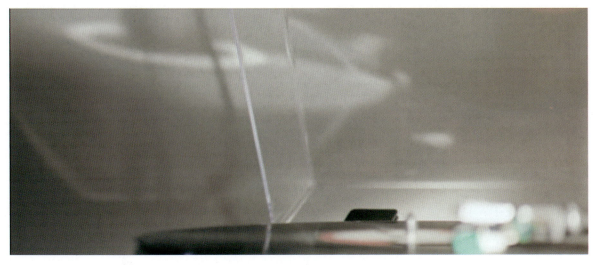

图1-66　"松下电器"分镜头19

图1-67 "松下电器"分镜头20

图1-68 "松下电器"分镜头21

图1-69 "松下电器"分镜头22

图1-70　"松下电器"分镜头23

图1-71　"松下电器"分镜头24

图1-72　"松下电器"分镜头25

图1-73　"松下电器"分镜头26

图1-74　"松下电器"分镜头27

图1-75　"松下电器"分镜头28

图1-76 "松下电器"分镜头29

图1-77 "松下电器"分镜头30

图1-78 "松下电器"分镜头31

图1-79　"松下电器"分镜头32

图1-80　"松下电器"分镜头33

图1-81　"松下电器"分镜头34

图1-82 "松下电器"分镜头35

图1-83 "松下电器"分镜头36

图1-84 "松下电器"分镜头37

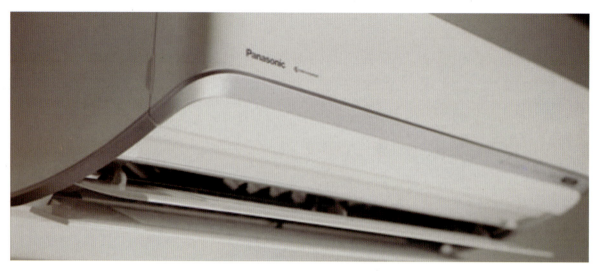

图1-85 "松下电器"分镜头38

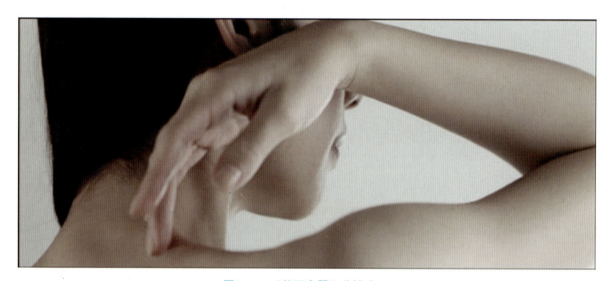

图1-86 "松下电器"分镜头39

图1-87 "松下电器"分镜头40

图1-88 "松下电器"分镜头41

图1-89 "松下电器"分镜头42

图1-90 "松下电器"分镜头43

二、案例"松下电器"的创意分析

案例"松下电器"分镜头设计的基本内容：第一个画面是女性脸部近景；第二个画面是字幕"人应该怎样活着"；第三个画面是蜗牛的近景；第四个画面是趴在窗沿上的蝴蝶；第五个画面是山水的大全景；第六个画面是坐着的女性的全景；第七个画面是毛笔的特写；第八个画面是门下半部分的中景，门内有一盆绿植；第九个画面是飘扬的白色棉布；第十个画面是女性的脚迈出门；第十一个画面是松下电器空气优化器的特写；第十二个画面是女性面部特写；第十三个画面是散落在竹席上的白色棋子；第十四、十五个画面是女性手部抚地的特写及全景；第十六、十七个画面是手捧夏蝉的特写及全景；第十八个画面是播放的黑胶唱片的特写；第十九个画面是阳光透过透明玻璃的光晕折射在墙上；第二十个画面是冒着热气的茶壶及窗台上的绿植；第二十一个画面是熟睡的小女孩的特写；第二十二个画面是倚靠在门框边的女性，前景是大片的绿植及花；第二十三个画面是窗台上绿植的全景；第二十四个画面是坐在窗边的猫咪的全景；第二十五个画面是趴在桌上的女性的面部特写，前景中风将书页轻轻掀起；第二十六个画面是松下电器空气优化器的近景；第二十七个画面是一滴水珠轻轻落在棉花上；第二十八个画面是被风轻轻吹动的毛毡；第二十九个画面是水中长的绿植及后景虚化的女性的脸；第三十个画面是被风吹动的绿草的全景；第三十一个画面是女性嗅着衣领的中近景；第三十二个画面是女性脸部微扬的特写；第三十三个画面是女性慈爱地看着自己女儿的中景；第三十四个画面是小猫望向窗外的近景；第三十五个画面是在地上玩耍的小猫的中近景；第三十六个画面是女性席地而坐的全景；第三十七个画面是白色花朵的特写；第三十八个画面是空气优化器的特写；第三十九个画面是女性侧脸及颈部的特写；第四十个画面是女性慵懒地躺在地上的全景；第四十一个画面是松下空调的全景并出现字幕"松下空调微环境优化器"；第四十二个画面是女性坐在桌前的中景并出现字幕"让呼吸回归享受"；第四十三个画面出现松下电器的品牌及Logo。

三、案例"松下电器"的拍摄制作分析

案例"松下电器"的拍摄最大的特色是画面清新，节奏舒缓。镜头多以特写为主，色调大部分为白色和绿色，具有浓烈的日系风格；通过大量的环境物品、猫咪、绿植的特写，将舒适自然的生活空间展示给观众，给人以清新淡雅、身心舒适的视觉体验。整个广告的镜头设计和内容呈现都着力于契合空气优化这一商品特点。例如：第二十三、三十、三十七画面是各种绿植的特写及全景镜头，这些镜头通过较大的景深搭配绿色或白色给人以清新的感觉。与此同时，广告中的第二十八和第三十镜头中绿植及毛毡被风轻轻吹起，向观众强调了此款产品与风及空气的关联。广告中镜头多以固定镜头为主，意在营造一种安静祥和的气氛，突出此款商品能给人带来健康舒适的生活环境的特点及作用。

实训项目1.5：商品功能性优点与画面意境结合点设计

1.学习目标

素质目标：培养学生采用马克思唯物史观和辩证法思考问题,寻找商品的具体功能性和画面意境的结合点。

能力目标：培养学生发现、诗意表达商品功能性优点的能力，培养学生将画面意境与现实结合的能力。

知识目标：掌握设计广告画面意境的相关知识。

2.项目描述

学生自主选择感兴趣的一件商品，选择推广商品的三个功能性优点，选择商品内在的三个功能性优点，寻求功能性优点与广告画面意境的结合点，并选择合适的表现形式。

3.任务实施

第一步，选择自己要推广的商品。第二步，选择推广商品的三个功能性优点。第三步，寻求功能性优点与广告画面意境的结合点。第四步，根据两者结合点制作商品宣传形式，并进行媒体推广。第五步，广告投放一周的时间，通过浏览量或购买量等量化指标，比较功能性优点与广告画面意境结合广告的传播效果。

4.项目测验

通过比较，寻找功能性优点与广告画面意境的最佳结合点。

5.反思总结

思考总结如何寻求功能性优点与广告画面意境的结合点，用300字左右阐释你的观点。

第二章
影视广告创意与文案

第一节　影视广告创意基本知识

一、影视广告创意的特点

创意，在英文中叫作Creation。对创意的了解有广义和狭义之分。广义的创意泛指一切带有创造性的、与众不同的认知与想法。广告创意是一种狭义的概念，特指广告活动中，为实现广告策划中广告主题视觉化的"点子"，在实际操作中简称为创意。影视广告创意具有以下特点：

（一）影视广告创意的科学性

影视广告创意的科学性，首先，表现在它的真实性与技术性。其次，影视广告创意的科学性还表现在实现广告目标的技术支持。最后，影视广告创意的科学性还体现在广告创意的现实性。

（二）影视广告创意的艺术性

广告形象需用艺术的手段来创造。影视广告创意的艺术形象具有倾向性和真实性相结合的特点。

（三）影视广告创意的来源和过程

影视广告创意主要来源于生活的积累和专业知识的探究，创作者需要彻底了解市场、企业、产品、消费者；创作者要明确广告定位；创作者要对媒体语言进行深入的研究；创作者还需要有一定的生活积累。

影视广告创意的过程是创作人员根据广告主题和目标，经过策划和思考，运用艺术的手段，将掌握的材料创造成形象的思维过程。通常广告创意要经历收集原始资料、反复锤炼、创意闪现、创意形成四个阶段。

（四）影视广告创意的基础和原则

影视广告创意的基础，从纵向看是创作者对市场调查与预测、消费者需求和产品的特殊认知，从横向看还涉及社会经济发展、消费水平的程度及消费潮流的导向等，另外还涉及企业的价值取向。影视广告创意的原则是立足真实、感染力强、有的放矢、单一诉求、系列传达。

（五）影视广告创意的思维方式

1．集体思考法

集体思考法由美国BBDO广告公司副经理亚历克斯·奥斯本提出，也叫作"动脑筋会议"或"头脑风暴"。这种创意形式首先禁止批评；其次，创意的数量越多越好；最后，对创意的质量不加以评论和限制。

2．垂直思考法

逻辑的思考法，按照一定的思考路线和惯性进行。

3．水平思考法

英国心理学家爱德华·戴勃诺博士提出水平思考法。其原则是找出占主导地位的观念，多方位思考，寻求各种不同的新见解，以摆脱旧意识、旧经验的约束，从而抓住偶然一闪的构思。水平思考法有以下五个特点：

（1）以各种不同的角度观察和掌握所给的课题；

（2）以相逆的角度来观察、分析事物；

（3）考虑一事物与其他事物的关系，进行相互比较；

（4）将一事物与其他组合或分解，看各有什么样的结果；

（5）若一事物通过联想加以升华后，可从多项构思中挑选几项，再加以斟酌、发展和修改。

二、影视广告的表现类型

（一）故事型

故事型影视广告作品的特点是：剧情要简单明了；根据可信的事实或可信的环境，与产品有机地结合起来；创造特殊的视觉效果，激发观众的好奇心，设法引起兴趣；把产品最突出的优点表现出来，而不是所有的优点；与一般的剧情一样，影视广告的故事结构一定也要有引子、高潮、结尾，要会讲故事；向谁承诺、承诺什么要明确，不要乱开空头支票。

（二）解决问题型

解决问题型影视广告的特点是：站在消费者的角度，用"观众自己的话"来表达；商品重要的特色和优点，应在介绍商品与解决问题中提出；使用者由于使用该商品才获得满足，不妨加一些别人的赞美语以及其他好处。

（三）生活片段型

生活片段型影视广告的特点是：强调生活的真实性；生活片段中含有商品相关的视听信息或价值信息；通过真实性和商品信息的有机融合达到广告的效果；生活片段型广告具有接近消费者的特点，容易被消费者所信任和接受。

（四）示范证明型

示范证明型影视广告的特点是：一般用大家认为可信赖的人来做示范或介绍商品；示范要讲究风度和语言；证据一定要真实可靠；通过示范使消费者感到商品功效可信、可感并可知，从逻辑和情感上同时接受商品。

（五）名人型

名人型影视广告的特点是：名人影视广告往往能够将消费者对名人的喜爱转移到对商品的喜爱上去，效果较好；名人影视广告的商品最好能够与名人的某种特质有一定内在联系；名人做广告一般来说越正式越好；名人型广告的缺点是费用高，有一定的风险。

（六）悬念型

悬念型影视广告的特点是：往往通过情节设计制造悬念；通过引起消费者的好奇心吸引观众观看广告；悬念广告一般可看性强，通过含蓄委婉的方式展现商品的某种价值和特性。

（七）歌曲型

歌曲型影视广告的特点是：使用歌曲作为商品广告的主要线索；歌曲型影视广告节奏性强，所有的画面必须与音乐相配合；选用的歌曲的风格一般是根据产品消费者的喜爱所选出；有时会请歌曲的演唱者作为广告的代言人一起出现。

（八）对比型

对比型影视广告的特点是：通过两种产品效果的对比或者使用产品前后的对比，表现商品的功效和价值；对比型影视广告直观性强，视觉冲击力较强，容易被观众所理解；对比型广告的缺点是有时会因为对比过于强烈，引起消费者的怀疑。

（九）动画型

动画型影视广告的特点是：通过动画形象或动画特效实现广告效果的表达；动画型广告生动活泼、趣味性强，容易被消费者喜爱；动画效果可以实现夸张和变形的效果；动画型广告还可以展现一些不便于拍摄的画面。

（十）幽默型

幽默型广告的特点是：把人类生活中的戏剧化矛盾、心理上的共通特点，用含蓄而诙谐的技巧组合成滑稽、可笑的画面或语言。

常见的幽默方式有喜剧演员参加方式、比喻方式、语言或动作方式等。

三、主题的确定

影视广告的主题是影视广告所要传达的基本观念，即广告"要说什么"。美国广告专家戴佛对影视广告主题所下的定义是："所谓主题，是可以作为基本或中心的创意，以此创意为中心，组织电视广告的素材。"

主题是连贯整个影视广告的支柱。主题确定了影视广告的方向与定位。

影视广告的主题产生是在整体广告策划中形成的。一是源于广告对象的定位；二是源于对产品的客观检验。

主题的形成，主要表现在创作者对广告目标、信息特点和消费者心理这三个方面的提炼。广告目标是指广告要实现的最终目的和效果。信息特点是指广告内容所要传达的商品或服务及企业形象等特点。信息特点形成主题，又称为特色因素。消费者心理是指消费者的心理需求。

广告主题的要求包括三点：一是准确。影视广告主题的定位要准确，即提炼出广告的确切的卖点，主张要一目了然，在表现方面也要将这一主题如实传达出来。二是独特。影视广告主题的思想要独一无二。三是易记。影视广告主题的信息单一诉求，容易让人产生联想，便于记忆。

实训项目2.1：如何故事化讲述商品的优点

1.学习目标

素质目标：培养学生运马克思主义唯物史观和辩证法思考问题，讲好中国故事。

能力目标：培养学生讲好中国商品故事的技巧和能力。

知识目标：掌握影视广告创意的相关知识。

2.项目描述

学生自主选择感兴趣的一件商品，寻找商品的优点，为商品的优点设计一个具有情节的故事。

3.任务实施

第一步，选择自己要推广的商品。第二步，寻找商品的优点。第三步，为商品故事设计一个矛盾点。第四步，根据矛盾节奏，设计商品故事的开始、发展、高潮和结局四个阶段。第五步，根据故事矛盾，设计商品故事的人物。第六步，根据故事矛盾，设计人物的动作和语言。第七步，根据故事矛盾，设计故事发生的背景和环境。

4.项目测验

通过设计，写出商品宣传的故事梗概。

5.反思总结

思考并总结如何寻找商品故事的矛盾点，用300字左右阐释你的观点。

※ 第二节　影视广告微电影文案

创意的产生来之不易，但如果仅仅让它停留在"想法"的层面上，那么它将一文不值。很多人会在看到某一部广告微电影后说，想当初我就想拍这个！或者会感觉到"我也曾经有这样的想法"，但现实是，你的想法依旧只是想法，停留在自己的脑海中，而别人则把想法变成了影像。从创意到影像的过程，不能缺少剧本，剧本是将你脑海中的画面变成可执行拍摄操作的载体，而剧本创作则是将某种思考、某种观念、某种意图通过具有动作的"词组"堆积起来，将一个个画面切实地展现出来，最终连贯起所有场景，变成完整的故事。

一、影视广告微电影剧本

剧本的构成技巧最典型的是"起承转合"。反映到广告微电影上即是指故事的开始为"起"，向观众介绍时间、地点、人物，观众要知道人物要干什么。故事的发展过程为"承",观众要了解故事的来龙去脉,一般会有一个反面人物出现,发生一些麻烦,主角需要解决麻烦完成目标。这个段落所用时间最多,观众也在这个段落里着急、生气、纠结。故事的高潮为"转",主角至此发生了质的改变,发生转折,或重整旗鼓或更加危机,故事冲突至此基本达到顶峰。故事的结局为"合",主角完成目标,观众也松了一口气,情感上得到满足。这样的四步设计是要让观众相信你的讲述,相信你讲的事件的真实性(图2-1)。

在欧美国家,观众更喜欢三段式的故事结构(图2-2)。剧作把故事分成三幕,第一幕讲述故事的开端,悉德·菲尔德称之为"建置",时长占到整部影片的三分之一;第二幕为故事的发展过程,悉德·菲尔德称之为"对抗",时长占三分之一;第三幕为故事的结尾,称之为"结局",时长又占三分之一。悉德·菲尔德认为,电影剧本的结构是一系列互为关联的事变、情节和事件按线性排列,最后导致戏剧性的结局。

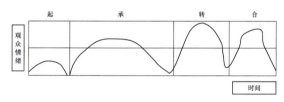

图2-1 广告微电影的起承转合

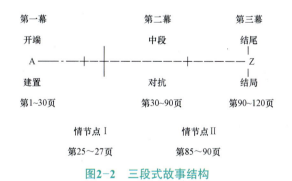

图2-2 三段式故事结构

这两种常见的剧本结构在我们的传统电影中展现得淋漓尽致,因为传统电影可以有足够的时长来展现人物的发展变化、凸显故事的节奏,但这样的结构显然不适合微电影的自身特征,传统的剧作结构在微电影的创作中要适时地做出调整,形成适合自己的叙事结构。

(一)两头略、高潮重

微电影剧本的结构从本质上来说和传统电影是一致的,也要分成四个部分或三幕,但所占时长比例要有所调整。比如,传统电影可能花20~30分钟来塑造人物出场,讲述故事开始,但微电影则只能简略地介绍人物特点,抓紧时间推进故事,用更多的时间来展现故事高潮和发展。这样做的好处是直接切入主题,快速引人入胜,避免冗长的故事背景介绍和人物塑造,在短时间内增加观众对故事的了解,抓住眼球。例如,在微影片《一触即发》中,男主人公出场前的开端只有八秒钟,但观众足以通过这八秒了解故事发生的环境、人物身份、故事类型等。开局摩天大楼的外景、灰色的色调、黑衣人的身份都对观众造成了足够的吸引。但这样的做法要注意,观众需要调动自身的知识积累弥补淡化了的故事背景和人物特点,这就需要编剧在剧作过程中适时照应到观众的理解力,不要出现过于跳跃的碎片式的画面,以免影响观众的审美感受。如果过于追求简短从而造成信息的跳跃与逻辑的不连贯,观众接受起来就会出现障碍,会选择放弃收看。

(二)情节有起伏,悬念有效果

这种"两头略、高潮重"的结构方式需要创作者注意到中间部分矛盾冲突出现的频率,力求在最大程度上加强故事中的对抗性和感染力。故事由于时长的限制可能在深度表现、人物挖掘方面有所欠缺,但微电影最大的优势是对故事的描述而非深度上的开拓,所以,微电影的情节设置应当首先注意的是进行描述性的讲述。为了达到这种效果,就可以在故事里设置悬念、反转,利用这些技巧性的东西弥补深度的不足,让故事的可看性更强。

(三)单线情节多,表达更浅白

受故事结构的影响,微电影的叙事节奏也就变得较传统电影更快,这种直奔高潮、加快速度的叙事风格简单明快。情节的快速切入会让观众一下子接触到冲突最激烈的部分,造成视觉和心理上的满足感和膨胀感,所以,微电影的叙事表达是一种浅表达。

为了让故事在短时间内更好看，微电影多数情况下可以考虑只设置一条情节线。舍弃次要情节，只保留主要情节，简化剧情，彰显矛盾冲突，这样的设置比较容易勾勒出清晰的动作线，冲突容易往前推进，操作起来更简便一些。例如，微电影《一触即发》中只有一条线——主人公要保证交易成功。微电影《Leave me》中只有一条线——男人对亡妻的爱。保持人物动作为中心动作，通过设置情节点的衔接，使冲突上升并爆发，也就让戏剧的张力更强，得以在短时间内维持观众的注意力。

在这里提供一个维持情节对观众的吸引力的小技巧，那就是可以在情节设置上使用时间锁定和条件锁定。时间锁定是设置一个截止的时间点，到达这个时间点冲突必须得以解决，在此之前的过程就是矛盾爆发的过程。条件锁定是设定一个完成目标或解决冲突必须实现的目标。可以让人物附加这样的条件，在某时某刻必须完成什么样的目标，这样就限定了人物的行动方向，也给情节线附加了压强，更能凝聚故事的焦点，增加戏剧的力度。

二、影视广告微电影剧作步骤

（一）故事梗概：创意—取材—确定内容

当确定了创意的来源并锁定了取材内容后，就要开始将灵感变得清晰化，迈向电影制作的方向。首先，确定灵感是适于拍摄制作的。若投资、人员的限制不能完成像"枪战"这样的大场面，那就要适当地改变这部分内容或者干脆放弃。其次，把想法变成梗概。用简单明了的语言勾勒出故事的内容。梗概太长则反映出作者思路不清。

（二）组合骨架：进行人物设定—写出段落

故事梗概确定后，接下来就要考虑给这部微电影一个骨架。所谓的"骨架"，就是要用简单利落的段落大致勾勒出故事的雏形，也相当于我们说的故事大纲。写出段落是要在"起承转合"或"三段式"的框架下，写明事件的因果关系。

接下来，还要设定出故事的人物、主角以及配角。关于配角的设定要注意处理角色的性格设定，如：这个配角有没有出现的必要？他的存在是为了更好地显示某种意图吗？他是什么性格？等等。也要注意处理与主角的关系。总体来说，微电影的角色设定一定是一目了然的，方便观众认知。为了使观众能够尽快地进入剧情，人物不能违反其特征，更不能行为晦涩，迟迟不显示特征，或出现"反常行为"。

（三）执笔写作：撰写—验证—修改

进入正式写作部分，剧本分段落详细撰写，每个段落称之为场景。作为微电影而言，一般场景很少。在基本写作部分，依照传统剧本的写作规则，尽力写出具有画面感的句子，最好不要使用形容词。写出具体的台词，考虑好台词应当表达清晰，可以重点设计每一部分台词，把台词分为"重要台词""一般台词""过渡台词"。在重要台词上重点凸显人物特征，在过渡台词上可以加入一些"笑料""包袱"等，引得观众感兴趣。

第一稿写完后，要与其他人讨论分享，看人物塑造是否真实，故事脉络是否清晰，还要讨论拍摄的可行性。如果有些地方是无法完成拍摄的，例如，夏天拍摄冬雪覆盖的场景、20世纪80年代上海黄浦江的景色等，场面不是力所能及的，那就要做出修改，剧本修正完毕，即为"定稿"。

三、影视广告策划案撰写

在确定剧本和投入拍摄之前，有一个步骤一定不能省略，那就是为广告微电影写一份计划书或者是策划案。很多人在确定了剧本之后非常兴奋，恨不得马上拉着人马就去拍摄了，特别是初次建组的剧组，但往往这样的剧组效率不是很高，常常会面临各种拍摄障碍，例如，碰到了连续的阴雨天无法拍摄，拍摄资金中断等，小到服装道具大到拍摄进度，都需要一份详细的案头工作来安排。

计划在电影制作过程中非常重要，要养成良好的计划习惯。不能仅仅把主题向投资方或是负责人描述后就希望能够拿到资金进行拍摄，这是不正确的。要适应广告微电影行业正常运作的市场规则。所以，在有了创意之后，要认真地制订拍摄计划，所做的计划要始终围绕中心目标——主题的呈现，无论是20分钟的故事片还是短到几十秒的广告，要保证影片从头到尾都处于控制之下。

计划可以分为很多种，例如，拍摄计划、预算计划等。以拍摄计划为例，在开机前一般会把拍摄主线列出来，然后再考虑创造性的发挥。在拍摄中，一定要具备巨细无遗的素质，绝不能依赖重拍、补拍，这将给导演和制片方带来很大麻烦，尤其是一些难以再现的场景或演员的遗漏，更会带来无法弥补的遗憾。这充分说明了计划的重要性，这在电影拍摄工作中是一种良好的工作方法。

在争取资金的时候，应当写一份完整的策划案。通过策划，可以根据自身条件寻找外界帮助并制订公关计划，以实现创作目的。一个优秀的策划案在形式上表现为一份格式统一、内容精练、语言流畅、表意明确的策划书。策划书应当简明扼要，向投资方推荐自己及作品。策划书有两个目的：一是吸引投资，获得资金进行创作；二是检验剧本，吸引观众获得市场。

在策划书中，需要讲清八个方面的问题：

（1）讲清创作者要做一件什么事情，作品主要讲述一个什么样的故事。

（2）说明创作思路，阐述故事的市场依据，说明故事类型。

（3）讲明叙事风格。例如，有没有创新点，同类型的故事是正叙、倒叙，还是平行发展？有没有穿插闪回等。

（4）介绍创作队伍构成。如导演是谁，有没有成功的作品介绍、独特的想法及拍摄手法？演员是谁，为什么要用这位演员？如果有试镜画面能展示给投资方，那将是更为具体的说服力。

（5）关于市场预测。应对投资方说明作品进入市场的预定目标是什么。例如，参加哪一类大赛，会产生什么社会效应等。

（6）关于拍摄预算。应按制作门类将开支详细列出来。

（7）关于拍摄计划。可以按照前期准备、中期拍摄、后期制作、完成影片这四步制定时间表、进度表。

（8）个人简历。要向投资方介绍创作者的背景及创作经历，以增加投资方对创作者的了解。

纪实类的微电影策划案是对未来的活动或者事件进行策划，并展现给读者的文本；它是目标规划的书面文件稿，是实现目标的指路灯。撰写策划案是调动和整合现有资源，以期最有效率地实现目标的过程。因此，撰写策划案是完成一部微电影的重要保障，写好策划案是充分调动创造性思维的创造性工作。

策划案首先要解决的问题是：策划要达到的目标是什么？要用精练准确的文字说明策划的目标，对于微电影的策划方案来说，就是要明确拍摄的类型、规模、题材和主题意旨。如拍摄一部10分钟的故事短片，通过一个失明女孩在一个陌生城市的遭遇表现人性的善和美。又如拍摄一部15分钟的纪实短片，通过一个空巢老人的生活记录呼吁对老年人的关注和关爱等。

策划案继而要解决的问题是实现目标的路径，即包括策划内容的详细说明，策划实施步骤以及各项具体分工，策划的期望效果与预测效果，经费的预算，策划实施中应注意的事项等。这部分是策划案的重点内容，也是策划的核心过程。对于一部微电影的策划案来说，包括拍摄内容、拍摄方案、经费预算和注意事项四个部分。

最后是策划案的附录部分，这部分可以注明创作团队的基本情况、引用资料、特殊说明等。如故事类微电影可能涉及的版权问题，纪实类微电影中老照片、影像资料的来源渠道与费用问题等。

附：纪实类广告片《美味之城——博山》策划方案

系列人文纪录片 *美味之城* 之

博 山

策划方案

山东传媒职业学院

二〇一四年九月

项目综述

系列人文纪录片《美味之城》以美食为切入点,通过鲜活生动的小吃、大菜探索美食所承载的独特的地域文化,介绍一座座独具风情的小城,传播美食文化,弘扬中华文明。

系列片以具有美食特色的城市为表现主体,融美食、美景、风俗、人情于一体,展现一座城市平凡之中所蕴含的不平凡之美。

节目采用全高清拍摄,依托网络媒体的传播平台,以更适合网络传播的制作理念,打造一部传播范围广、互动性强、具备全新概念的地域文化纪录片。

节目选题以山东为主,辐射周边,结合学院招生计划的生源地,第一部拟拍摄《济南》《章丘》《周村》《博山》《青州》《单县》《莱芜》七部。

分集方案

一、制作规格

1. 题目:《美味之城——博山》

2. 时长:20分钟

3. 主题:民以食为天,拍摄一期博山美食纪录片,让人们更多地了解博山美食,并且通过博山美食表现博山的历史人文风情。

4. 输出:全部制作完成后,根据实际的需要,可输出多种格式的视频文件,主要输出可刻录光盘的mpeg4等格式,作品成果刻成光盘若干份,制作团队备份。

5. 播放平台:山东齐鲁网、优酷、土豆、爱奇艺。

二、宗旨

1. 选题说明

(1)博山区是淄博市辖区,位于鲁中山区北部,淄博市南部。1734年(清雍正十二年)建县,1955年设立博山区,博山区总面积为698平方千米,2012年,总人口为45万人。博山区辖6个镇、3个街道、1个开发区。区政府驻城东街道。

博山区公路通车里程为722.46千米,铁路北有张八线入境,东南辛泰线斜穿而过。博山为省级风景名胜区,名胜古迹有世界文化遗产长城的组成部分——齐长城,国家重点文物保护单位颜文姜祠、碧霞元君行宫、玉皇宫、范公祠,凤凰山等。博山区有中国陶瓷琉璃艺术之乡、中国泵业名城、中国琉璃之乡、中国鲁菜名城等荣誉称号。

(2)山东是鲁菜的发源地,鲁菜有胶东菜和博山菜两个分支,而博山菜属北方菜式范畴,又不失鲁菜特色,既有地方性特色,又有鲁菜的文化内涵。我们选择博山菜系中颇具代表的"四道菜"来拍摄,分别是：四四席、孙阁老炸肉、清梅居酱肉和白家丸子（备选）。

（3）博山地区还有诸多风味小吃，历史悠久，内容丰富，很有特色。中华人民共和国成立前大都是个体经营，以福门桥外河滩市场为中心，南起姚家胡同，北至北关街头，卖各式小吃的约有百余家。

另外，城里各街道巷口以及柳行、五龙、神头、山头、八陡等乡镇、临街设摊卖小吃的也有百余家。品种有：米粥、油粉、豆腐脑、肉火烧、素火烧、糖火烧、烧饼、油条、炸炉排、炸糖糕、油饼、烤地瓜、八宝饭、花卷、麻花、绿豆丸、锅饼、酥皮火烧、江米糕等近百种。这些小吃摊既方便了群众购买，又活跃了市场，并能使商贩业户获利得以养家糊口，实乃一举数得。

2．选题目的

（1）"迎客的肉，送客的面"，来到博山，美食是迎客之道的重头戏，也是博山文化底蕴的体现。

（2）介绍博山人文风情（民以食为天，老百姓吃得好喝得好，才能有好的身体和心情去生活）和历史文化（从周朝末年流传孝妇颜文姜的故事开始，到琉璃矿工产业的兴盛发展，到孙廷铨的辞官回乡安度晚年，到如今博山的和谐发展）。

（3）让人们更多地了解博山，欣赏、品味博山菜系，了解博山人的衣食住行及安稳生活。博山人的"美食梦"恰好也是"中国梦"最本质的体现。

三、拍摄内容

1．四四席

四四席是山东省博山地区的汉族传统饮食习俗。

可供八人一桌聚餐的四平盘、四大件、四行件和四饭菜计十六种（重要宴席在正式饮酒之前尚有四干果、四点心、四鲜果及相配的饮料）。

（1）形成。博山四四席的形成，首推博山聚乐村，这离不开一代名厨的创新。据《博山区志·人物》记载：王广镛，博山人，是一位颇有名望的厨师，1919年夏，他与栾玉琢合作在博山创办聚乐村饭店。栾玉琢任经理，精通北京公馆菜的制作工艺；王广镛任副经理兼红白两案，通晓济南饭馆菜的烹制方法，两人珠联璧合。由于王广镛、栾玉琢等几位通晓京郡大菜的名厨主理，很快便使四四席的规制趋于完备而推向极致，对博山及周边地区的宴饮习俗产生了空前影响。到如今，颜文姜广场的翼兴庄园是四四席饮食的代表。

（2）文化价值。王鹏是传统四四席的嫡系传承人，他讲述了四四席的文化价值：从现代餐饮理论上分析，四四席不仅仅单指传统上的菜品和器皿的数理规制，也蕴含着对传统文化的深刻理解。就数理上来讲，八仙桌上八人用餐，四四规制恰到好处，少一人则不足，多一人则有余；而从中国传统观念上理解，"四"的含义多有四红四喜、四平八稳、四面八方、四季来财等吉祥寓意。四四席正迎合了时令变化的"四季变换""四时常鲜"的自然属性，顺应了天地之间的自然法则。

（3）制汤的传统。四四席注重制汤的传统，用料和工艺都十分精致。无论高汤、清汤、奶汤还是素高汤，都严格根据菜品不同而选用制作方法。

四干果：松子、腰果、花生米、开心果。

四点心：西米饺、白皮酥、奶油酥条、豆沙卷。

四鲜果：葡萄、香瓜、枣柿、西瓜。

四平盘：松花拼鸡丝冻粉、卷煎拼樱桃肉、佛手肉拼萝卜丝、板肚拼炝蹄筋。

四大件：三鲜海参汤、锅烧肘子（四料碟）、豆腐箱、糖醋鲤鱼（跷尾）。

四行件：爆炒腰花、软炸猪肝、鸡汁虾仁、琉璃里脊。

四扣碗：汆底鱿鱼、红烧瓦块鱼、蛋包、烩菜。（以上"四四席"中的前四项，可根据季节、客人身份及特殊情况而更改变换。四大件、四行件、四扣碗要按顺序穿插上席，以体现菜品整体效果，达到观之动容、食之舒心的品尝境界。）

（4）上菜顺序和配备茶水。清代诗人袁枚在其《随园食单》中说："上菜方法咸者宜先，淡者宜后；浓者宜先，薄者宜后。无汤者宜先，有汤者宜后……度食客饱则脾困矣，须用辛辣振动之；虑客酒多则胃疲矣，须用酸甘以提醒之。"

至今的博山"四四席"上菜的顺序依然遵循这一规律。在博山人士的餐饮生活中，上菜程序最为讲究的当属婚宴之中的官客席（俗话"油客席"）。在这种宴席上，上大件前的每一道程序均配有相应的饮品。如上四干果伴以茶水，上四点心佐以杏仁茶，上四鲜果配以红酒。上新撤旧，唯留四干果与嗣后正式上菜的四个平盘始终不撤。以上十二品只供主客酒前垫腹，以防空腹饮酒之不适，待清理席桌斟满白酒之后便开始上大件。

先上头菜（第一大件），这一道菜就标志此席的规格级别。头菜若为鱼翅即为鱼翅席，若为海参即是海参席。第一大件之后为第一行件（多为热菜），整席菜品便依次穿插上桌。"四四席"中大件菜金为全席之半，头菜又为大件菜金之半；第一行件则占全席行件菜金之半；四平盘与四饭菜一并仅占全席菜金之二成。博山宴席传统习惯把鱼、甜品和时蔬清淡之味排在上菜顺序的后段，而"砸鱼汤"又很受欢迎，不仅一鱼两吃，而且确有解酒醒脑、调适胃口的功效，恰恰应了袁枚所谈的要领。

2. 孙阁老炸肉

孙阁老即孙廷铨，字枚光，博山（古称颜神镇）人。明崇祯十二年他考中举人，翌年中进士，数年后官至兵部尚书、户部尚书、吏部尚书等要职。1662年（康熙元年），官拜内秘书院大学士，入参机务，在任年余，告病请归。

1664年冬，孙廷铨回到故乡颜神镇，焚香著书，写成《颜神杂记》等著作。"琉璃"是《颜神杂记》物产篇中一节，内容完整，记载周详。博山琉璃业元代粗具规模，兴于明代，发展于清代。孙廷铨祖上几辈人均从事琉璃的生产和经营，到孙廷铨的曾祖孙延寿已是"隶籍内廷，班匠事焉"，即孙家不仅经营、生产琉璃，而且充任了管理琉璃作坊的"官"。显然，这个足以称得上"琉璃世家"的家族已经有了制作经营琉璃的足够经验。耳濡目染，家学熏陶，为孙廷铨晚年撰写《琉璃志》打下了深厚的基础，而一部《琉璃志》，更为后世琉璃业的发展奉献了宝贵的技术和资料。孙廷铨还把皇宫的膳食方法和博山当地百姓的饮食习惯相互结合，发明了面裹炸肉（俗称炸货），也就是现在最传统的孙阁老炸肉。

（1）制作方法。将面加入水和鸡蛋，和成糊状，再将猪肉切成条或块，加入调料调味后沾面入锅用油炸至九成熟，用漏勺抄起滤油后自然晾干。

（2）口感。外裹的面皮又酥又脆，里面包的肉鲜香劲韧。

（3）人文意义。当时博山工业农业发达，资源物产丰富，猪多肉贱，富人不愿吃，穷人不会做，而孙阁老发明了这种独特的烹饪方法，是不同区域（京城皇室和博山）美食制作方法的融合，也是博山菜系创新历史上不可或缺的一笔。

（4）发展。孙阁老炸肉如今已经有很多种类和"衍生品"，肉也不仅限制在猪肉，如炸鸡肉和炸羊肉都是普通百姓非常喜爱的美食，随着时间的流转，烹饪方法和味道在传统炸肉的基础上越来越好，越来越趋于完善。

3．清梅居酱肉

1936年，回民王万起来到博山，创立了以经营牛羊肉为主的清真熟食店，并立字号"清梅居"。其制作的香酥牛肉干、酱牛肉等熟食风味独到，颇得食客青睐，时间不长便名扬博山十里八乡。王万起操守诚信、买卖得法，"多商贾名士慕名而购，生意盛隆"，为此，店面曾几次扩修。王万起对食客赞不绝口的香酥牛肉干、酱牛肉从配方到工艺进行了多次改进，使其更适合百姓口味；并用时兴的牛皮纸做成包装袋，印上"清梅居"字号，通过南来北往的商客，带向四面八方。

据博山史料记载，王万起出身于烹饪世家，祖上曾在清宫御膳房从厨多年，师承嫡传的西域（今宁夏一带）牛羊肉烹制技法，擅长清真大菜的制作。

王万起从11岁起，就随父帮厨学艺，在父亲的耳濡目染之下，他学就了一身精湛厨艺，而多舛的人生阅历又塑造了他"做人风骨若梅，立业清清正正"的品行。正是以其品行和技艺做基石，成就了百年不衰的清梅居。

（1）人文价值。清梅居酱肉作为宁夏回民的烹制技法与博山菜系的结合，不仅仅是口味间的彼此激发，也是民族菜肴的融合创新。博山菜不但在遵循传统特点的基础上，吸收其他菜肴的用材和烹饪方法，更把民族美食的特点和口感融入自家菜系中，在中国美食的发展历史上有着重要的作用。

（2）菜肴种类。

1）香酥牛肉干。清梅居食品有限责任公司生产的"清梅居"牌香酥牛肉干，历史悠久，风味独特，是旅游、馈赠首选的佳品，1998年获淄博市鲁菜精品展"淄博名吃"称号。

清梅居是百年老店，20世纪初，天津王氏夫妇（回族）在博山经营"清梅居饭铺"，以面食、炒菜、牛肉干、酱牛肉为主。中华人民共和国成立之初，博山回民个体餐饮经营者组建了"博山回民饭店"。1996年企业改制，恢复老字号，组建山东淄博清梅居食品有限责任公司，并将香酥牛肉干、酱牛肉等系列食品注册为"清梅居"。

香酥牛肉干是清梅居系列食品的主导产品，原料精选鲁中黄牛肉，配以几十种名贵中药材浸渍，加佐料煮至七八成熟，手工切片，经油炸、晾干、包装、灭菌等多道工序制成。突出薄、香、酥三大特点。香醇牛肉干片薄香酥，回味绵长，咸甜适口，老少皆宜，以风味别具一格而成为山城一种名优特食品。

2）酱牛肉。酱牛肉，是清梅居系列食品中的获奖产品。其肉质鲜嫩，味道醇厚，深受回汉人士的喜爱。1998年在淄博市鲁菜精品展评中，被评为"鲁菜精品"。

制作方法：将精选的牛肉分割成大块，冲洗干净，放入锅内，加老汤、食盐、白糖、酱油、葱、姜以及香辛料烹煮；将煮熟的牛肉捞入盆中，用原汤浸渍入味即成。

从古至今，酱牛肉和酒是密不可分的老搭档。切一盘质地鲜嫩、熟而不烂、咸淡适中的酱牛肉，配上花生米和拌凉菜，这才是那些真正会喝酒的人公认的下酒菜的黄金组合。

3）油黄山鸡蛋。油黄山鸡蛋是清梅居系列食品中的创新产品，采用博山农村的土产——山鸡蛋加工而成。随着都市人们生活水平的提高，保健意识的加强，这种高营养、无公害的山鸡蛋，备受消费者的青睐，是方便旅游、野外聚餐的最佳食品。

制作方法：将优质硅藻土（俗称老土）充分浸泡，加入适量的精盐制成盐泥；精选山鸡蛋放入泥盐中涂匀，盛入容器中，根据不同的温度确定腌制时间；待山鸡蛋腌至蛋黄溢油即可煮食。

口味特点：蛋黄松沙，鲜亮溢油。

4. 白家丸子（备选）

20世纪40年代初，白怀义对传统肉丸子制作的选料和技艺加以改进和创新。他制作的丸子以轻、漂、弹力强、口感好著称。

为恢复这一地方名吃，20世纪90年代末，白怀义之子白念忠，在八陡镇重建"白家馆"。1997年，白家丸子荣获博山区首届特色美食展评会"风味奖"，1998年荣获淄博市鲁菜展评最高奖——"鲁菜精品"奖。2001年11月，白家馆荣获"首届淄博市名小吃"企业称号，白家丸子获"首届淄博名小吃"金奖。

四、拍摄计划

1. 拍摄时间：2014年10月第2个星期，时长：7天左右（即大三上学期）。
2. 拍摄地点：山东淄博博山区。
3. 拍摄方式：现场拍摄、历史文献和影像资料、采访。
4. 前期准备：

（1）拍摄场地勘测：与学校老师和博山领导交流沟通。

（2）准备器材：高清机器（单反）。

（3）设备：三脚架；滑轨；斯坦尼康；24-105镜头；定焦镜头。

5. 现场拍摄

（1）四四席：颜文姜广场翼兴庄园。

孙阁老炸肉：博山孙阁老炸肉店。

白家丸子：博山八徒白家丸子馆。

酱牛肉：清梅居。

（2）采访。博山美食协会人员或者博山当地老者。

被采访人自我阐述：博山美食和历史人文。

被采访人预设要求：思维及相貌正常、表达能力流畅，对博山美食和文化有一定了解。

采访内容：对博山菜的了解，从小吃博山菜长大的感受，博山当地的经济、文化发展。

（3）拍摄应注意的问题和细节。

遵守学院的规章制度，遵守老师安排的拍摄计划，如有特殊情况，与教课老师和系部领导汇报商量。

不损坏学院的摄影设备，如自行配备器材，注意摄影器材的保护。

拍摄内容不得涉及所拍摄者的隐私，不得不经被拍摄者的允许干扰其正常生活。

维护音像制品或其他作品作者的版权和所有权。

6. 后期制作

视频采集：将拍摄的磁带导出，主要地点是关键帧影像工作室。

后期视频剪辑、音乐配音、字幕文字编辑，水印及logo。

（1）片头：中国风基调的片头映现。

（2）主片：场景转场、相关字幕、背景音乐、同期声精心编辑。

（3）片尾：一段充满赞美和期望的字幕慢慢滚动入屏，关键帧影像工作室logo，注明版权。

五、制作团队

编导：刘一帅

撰稿：刘一帅、张永浩

摄像及剧照：蒯洵、张广道、仇成浩、王凯华

剪辑与制作：单亦展、刘金鑫

音频采集与录音：优阁音频工作室

山东传媒职业学院
2014年9月

实训项目2.2：如何设计三段式结构的故事

1.学习目标

素质目标：培养学生运用马克思主义唯物史观和辩证法思考问题，讲好中国故事。

能力目标：培养学生讲好中国商品故事的技巧和能力。

知识目标：掌握影视广告创作的相关知识。

2.项目描述

学生自主选择感兴趣的一件商品，寻找商品的优点，为商品优点设计一个三段式结构的故事。

3.任务实施

第一步，选择自己要推广的商品。第二步，寻找商品的优点。第三步，为商品故事设计一个建置部分。第四步，设计商品故事的对抗部分。第五步，根据故事矛盾，设计商品故事的结尾部分。

4.项目测验

通过设计，写出商品宣传故事的三段式梗概。

5.反思总结

思考并总结如何在故事的对抗部分将情节推向高潮，用300字左右阐释你的观点。

※ 第三节　影视广告分镜头

影视广告微电影是内容较多、时长较长的广告类型，在企业宣传片中使用较多，但在商品的宣传中，较多的是使用短小精干的影视广告短片，一般在1分钟以内，最短的甚至只有几秒钟，这是因为影视广告的播出费用昂贵，所以必须在最短的时间内完成对商品特点的介绍。在完成创意和策划案的撰写后，我们拍摄的影视广告必须进行广告分镜头的撰写，因为微电影的分镜头过长，不便于在教材中展开，本教材只介绍影视广告中常见的短小广告的分镜头，通过影视广告分镜头案例了解广告分镜头撰写的格式和内容。

分镜头案例一：绿箭

时间／秒	景别	画面内容	广告词（台词）	音乐、效果
1—3	近	男主看着手中不及格的四级成绩单，女主向男主走近		小清新，抒情
3—7	近	女主把手中的四级词汇书递给男主，男主默默接过书	女："加油！"	
7	特	翻开的词汇书中夹了写着"加油"的纸片和一片绿箭		
8—10	远	草坪上一堆人围圈正在玩游戏（镜头逐渐拉近）	说话声	广告背景音乐
10—11	中	男主抽到惩罚卡片，一群人欢呼		
12—14	特	卡片特写"蒙上眼睛跟游戏中一人告白"		
14—16	中	男主蒙着眼睛开始围着人群走，寻找女主		
16—17	近	男主突然闻到了绿箭的味道（特效：绿箭的绿叶），然后向味道的源头走去		
17	近	插入绿箭和卡片的镜头回放		
18—19	近	男主在众人的起哄中，停在有绿箭味道的人面前		
19—21	特	男主脸部，表情严肃，周围人安静下来		
21—23	近	男主开始告白：（……你知道吗，其实我选你很久了）自由发挥一下		
23—25	近	周围人惊讶的表情		
25—26	近	男主发现周围没声音，于是拿掉眼罩，然后张大嘴，表情惊讶		广告语
27—28	特	绿箭男嚼口香糖，然后张大嘴惊讶说："啥？"切入片尾		

分镜头案例二：士力架

士力架广告策划文案

主题：士力架推广促销

时间：40秒

人物：男主一位，保险公司核查记录员两位

情节：调查员a问："您说轮船失事后独自漂流在海上，还跟一只饿了十几天的猛兽共同生活了7天……"调查员b推了推眼镜翻着资料说："跟野兽搏斗，最终以强大的人格战胜了它。"调查员a说："您需要提供给我们一个更加真实可以相信的故事。"男主靠在沙发上（闭目沉思状）说："既然你们不相信……"，片刻后说："好吧，其实是因为……"调查员a和调查员b抬头，画面虚化转到海上，男主咬了口士力架，狮子肚子咕噜一叫正扑向男主的时候，男主说："饿了，来块士力架吧。"

黑屏，出现士力架与广告语。小男孩从猫爪下抢回士力架（字幕说：这是我的士力架）剥开准备咬的时候迟疑了一下，拿向屏幕微笑说："士力架，你也试一下！"眨眼。结束。

字幕：开场调查员旁边有现实身份的字幕，最后小男孩抢回士力架，有字幕。

宣传词：士力架，你也试一下！

诉求点：士力架是较为特色的能量休闲食品，广告中结合时兴热点《少年派的奇幻漂流》突出其横扫饥饿的特点，并暗示大家都知道士力架有横扫饥饿的能力。最后又以天真可爱的小男孩形象打动受众，激发大家尝试购买的欲望。

策划说明：调查员要求提供一个更加可信真实的故事，文案中已表达出。士力架横扫饥饿与独特口感已得到有效推广，本广告结合时事热点暗喻士力架带给人能量与勇气，并且可以有效横扫饥饿。在广告结束后的一幕借以小孩与宠物又以"萌"制胜，相信许多观众在看到广告后都会想要尝试一下横扫饥饿的士力架。

分镜头脚本

镜号	景别	摄法	内容	时间
1	中景	摇	从房间布置正面拍摄两位调查员（字幕介绍）	4秒
2	近景	推	调查员a一滴汗滴在本子上，问："您说轮船失事后独自漂流在海上，还跟一只饿了十几天的猛兽共同生活了7天……"	4秒
3	特写	移	调查员b推了推眼镜，说："跟野兽搏斗，最终以强大的人格战胜了它。"	3秒
4	中景	拉摇	背后环绕到前方，调查员a说："您需要提供给我们一个更加真实可以相信的故事。"	4秒
5	特写	固	男主手指叩了叩扶手，画外音"既然你们不相信……"，片刻后说"好吧，其实是因为……"	4秒
6	全景	摇	海上场景，环绕人与狮子的僵局	3秒
7	近景	视角	狮子主观视角，肚子叫了，看向男主，男主咬了一口士力架	3秒
8	近景	视角	人主观视角，在狮子扑过来的时候递上士力架，说："饿了，来块士力架吧。"	3秒
9	全景	动画	士力架产品，标语	3秒
10	中景	拉	猫抱着士力架，小男孩抢过（字幕：这是我的士力架）	4秒
11	近景	推	模仿大人视角，小男孩准备咬，随后递上士力架："士力架，你也试一下！"（眨眼）	5秒

分镜头案例三：李宁

主题：变，才是重塑自我的永恒法则　校园篇

镜号	景别	镜头运动	镜头组接方式	画面	音效	时间
1	全景	推镜头		清晨，明媚的阳光洒在窗户上，宿舍一片狼藉，包、书、衣服横七竖八躺在床上，A、B、C三个学生在电脑前玩游戏（有一种迷乱狂躁的气氛）	（CF游戏中的声音）换枪的声音，"fire the hole，fire the hole"	2秒
2	中近景	推镜头	切	书桌前的学生D叹了口气，放下书站了起来，走到窗台前向不远处的学校望去	游戏声音中无奈的叹气声"唉"	2秒
3	全景	推镜头	叠化	学生D穿过阴暗的楼道，挤过人群，在校园里跑着，到图书馆门口停下了脚步	人群喧闹声、脚步声、图书馆门口小树林里的读书声	2秒
4	特写	固定镜头	切	学生D抬头看着图书馆大楼，又倾斜着身子侧耳倾听读书声	（小树林传来了读书声）"穷则变，变则通，通则久"（声音渐隐）	3秒
5	特写	固定镜头	切	学生D向阳光张开怀抱，奔跑起来	（学生D说）"我要用梦想变幻出一片宁静的天空"	2秒
6	全景	固定镜头	切	操场上许多人在运动，学生D在塑胶跑道上一圈又一圈地跑步	脚步声，心跳的声音	2秒
7	特写	固定镜头	切	学生D满头汗水，但目光仍坚定地望着脚下的路	（画外音，学生D说）"我用执着的心追寻着前方的路"	2秒
9	全景	推镜头	叠化	篮球场上，学生D手持篮球不服气地看着眼前挑衅的对手	咚咚的心跳的声音	2秒
10	中近景	推镜头	切	学生D交叉步胯下运球，晃人，过人，跳投，球进了	篮球鞋和地面摩擦的声音，沉重的呼吸声，球进的声音（背景音，衬托旁白）	3秒
11	特写	固定镜头	切	双脚落地，脸上露出傲然的神色	（画外音，学生D的声音）"我用激情寻找突围的缺口"	2秒
12	特写	推镜头	叠化	学生D在路上跑着，看见垃圾捡起来丢到垃圾桶里，看到自行车倒了扶起来，看到落在脚边的羽毛球捡起来，看到老人拉着车上坡主动帮忙推上去，受帮忙的人均报以笑容	众人的欢笑声	3秒
13	特写	固定镜头	切	学生D在阳光中开心地笑着，笑容真挚纯洁	（画外音，学生D的声音）"我用行动改变人们眼中的'90后'"	2秒
14	特写	固定镜头	淡入淡出	李宁的新标志飞出	（画外音，自信充满朝气的男中音）变，才是重塑自我的永恒法则	3秒

分镜头案例四：摩托罗拉手机

主场景：一位白领在写字楼里面独自上夜班。

镜头1：中景，平视，小a在隔段里打字工作（不时地看一眼电脑）。
声音1：打字敲键盘的声音。
转场1：切。
镜头2：近景，平视，小a在饮水机旁接水。（手部特写）
声音2：接水的水流声。
转场2：切。
镜头3：近景，平视，小a手拿泡着茶包的半杯茶放到桌子上。（杯子特写）
声音3：放杯子的声音。
转场3：切。
镜头4：中景，侧仰拍，表的侧面（表示时间已经很晚了）。
声音4：表"咔咔"走的声音。
转场4：切。
镜头5：平移镜头（从左向右），近景，平视，小a抽着烟，接着掐灭手中的烟。
声音5：场景音。
转场5：切。
镜头6：近景，平视，小a翻报表，很心烦（翻的动作很大，皱眉头）。
声音6：翻书的声音。
转场6：切。
镜头7：近景，平视，小a把键盘推开，打了个哈欠，开始打盹。
声音7：打哈欠的声音。
转场7：淡出。
镜头8：平移镜头（从左向右），俯拍，近景，小a趴在桌子上睡着了，镜头逐渐向右移，经过了茶杯（茶杯入茶杯出），停在小a和女朋友的照片上（照片前面放着手机，开始是虚的）。手机亮了（来短信了）。镜头聚焦到手机上。拉近。
声音8：哈喽摩托。（手机铃声）背景音乐进。
转场8：切。
镜头9：近景，平视，小a拿着手机微笑。镜头模糊，看到小a又开始工作了。
声音9：背景音乐。
转场9：淡出。
镜头10：广告语，型号。
声音10：旁白，广告语。
转场10：淡出。
镜头11：摩托罗拉logo出现。
声音11：经典摩托罗拉手机声音。
转场11：淡出。

作品欣赏：潘婷平面广告集锦

分镜头案例五：潘婷

潘婷广告分镜头脚本
小女孩为A，拉琴老人为B，同学为C

镜号	景别	镜头运动	镜头视点	内容	对白音效	时间
1	近景	推	微俯	街头，以小提琴为前景（虚化），A正在人群中看B拉小提琴	小提琴音乐起	3秒
2	特写	移		B拉小提琴时，小提琴和拉小提琴的手		4秒
3	特写	固		B拉小提琴时脸部的表情以及看到A的那一瞬间微笑		3秒
4	特写	推		A看着老人微笑的表情		2秒
5	近景	固		路上，A走在一辆汽车前面的腿、脚的部分	C：你以为鸭子可以飞吗？	3秒
6	中景	固		A走在一辆汽车前面	C：一个聋子也想学小提琴，你的脑子有病吧	4秒
7	中景	固	侧	教室里，C站着训斥坐着的A	C：为什么不学点别的	2秒
8	近景	移	侧	C从钢琴座上愤怒地站起来		1秒
9	中景	移		C甩掉正在一旁练小提琴的A的乐谱，愤然离开		3秒
10	中景	固	侧	教室里，C站着训斥坐着的A	C：你在浪费所有人的时间	2秒
11	近景	拉	正侧	A沮丧的表情	小提琴音乐起	5秒
12	近景	固	正侧	B深情地在街头拉小提琴，结束后赢得观众的掌声		3秒
13	近景	固		以B为前景（虚化），随着掌声，人群散去，出现A		3秒
14	全景	固	正侧	B整理完小提琴，打着手势	B打手势：还在学小提琴吗？	5秒
15	近景	推		A低下头哭泣		5秒
16	近景	推	侧	A和B坐在台阶上，A哭着向B打着手势	A打手势：为什么我和别人不一样？	5秒
17	近景	推	侧	A和B坐在台阶上，B向A回应着手势	B打手势：为什么要和别人一样呢？	6秒
18	近景	推	正侧	A和B坐在台阶上，A哭着点点头		2秒
19	近景	推	侧	A和B坐在台阶上，B抬起头，向A做坐着拉小提琴的手势		5秒
20	特写	移		B把小提琴递给A的手		3秒

续表

镜号	景别	镜头运动	镜头视点	内容	对白音效	时间
21	特写	推	正侧	B做着闭上眼睛的手势	B打手势：闭上你的眼睛去感受，你就能看见	4秒
22	特写	移		A闭上眼睛拉小提琴		4秒
23	特写	跟	后	A手轻抚麦穗向前走		3秒
24	特写	固		A认真地拉小提琴		2秒
25	中景	移		C在老师的教导下认真地练钢琴		1秒
26	近景	移		A认真地拉小提琴		2秒
27	全景	移		音乐大赛的海报		2秒
28	近景	移	侧向正侧	A抱着小提琴		2秒
29	近景	移	侧	C和C的同学经过A		3秒
30	全景到中景	推		C故意撞上A	C：怎么？不爽啊？	5秒
31	中景	推	正侧	A默默地坐在座位上		2秒
32	近景	移	侧	A认真地拉小提琴		1秒
33	全景	移		街头人群		1秒
34	全景	移		A和B在街头人群的围观下拉小提琴		2秒
35	近景	摇		C乘着汽车经过看到了		3秒
36	特写	固		C正在弹钢琴的手		1秒
37	中景	移		C不听老师的指导，甩开老师的手愤然练钢琴		1秒
38	特写	固		C正在弹钢琴的手		1秒
39	大特写	固	侧	C正在激烈地弹钢琴的手		1秒
40	近景	固		A在街头和B一起拉小提琴		1秒
41	近景	固	侧	C弹钢琴时的脸		1秒
42	大特写	固		C正在激烈地弹钢琴的手		1秒
43	近景	固		A在街头高兴地拉小提琴，遇到麻烦		1秒
44	大特写	固	侧	C正在激烈的弹钢琴的手		1秒
45	近景	固	侧	C弹钢琴时的脸		1秒
46	特写	推	后	男子打B		1秒
47	特写	固	侧	C蔑视地一笑		1秒
48	近景	移		音乐大赛的海报		1秒

续表

镜号	景别	镜头运动	镜头视点	内容	对白音效	时间
49	特写	拉		C正在弹钢琴的手		1秒
50	近景	固	侧	C弹钢琴时的脸		1秒
51	近景	移		音乐大赛的海报		1秒
52	特写	固		C正在弹钢琴的手		1秒
53	近景	固		男子抢夺A的小提琴		1秒
54	特写	推		C正在弹钢琴的手		1秒
55	大特写	固	侧	C正在激烈地弹钢琴的手		1秒
56	中景	拉	侧	C在音乐比赛舞台上激情演奏		1秒
57	特写	固		小提琴被砸在地上		0.5秒
58	近景	移		C演奏完毕站起		2秒
59	全景	移		观众站起鼓掌	主持人讲话	2秒
60	全景	固		主持人宣布比赛完毕	感谢最后一位同学带来的精彩表演，现在到了我们……	5秒
61	中景	固		工作人员告诉主持人还有一人参加比赛		3秒
62	近景	固	俯	台下观众窃窃私语	主持人讲话：看来	1秒
63	中景	固		主持人宣布还有人比赛	我们还有一位选手	1秒
64	全景	固		C在台下人群中转头	她是……	1秒
65	特写	摇		小提琴及A紧握小提琴的手		8秒
66	近景到中景	拉		B躺在医院床上，A坐在旁边紧握B的手		6秒
67	特写	摇		A在赛场上拿起小提琴	激情的音乐《卡门》响起	2秒
68	近景	固		A想起B做闭上眼睛的手势		1秒
69	特写	固		A在舞台上闭上眼睛		1秒
70	近景	移		A拉小提琴		5秒
71	近景	固	俯	台下观众认真地听		2秒
72	中景	移	仰	A在台上拉小提琴		7秒
73	近景	移	环绕	A在台上入迷拉小提琴，头发飘逸		2秒
74	近景	移	正	A在台上入迷拉小提琴，头发飘逸		1秒
75	近景	移		A在台上入迷拉小提琴，头发飘逸		1秒

续表

镜号	景别	镜头运动	镜头视点	内容	对白音效	时间
76	近景	移	后	A在台上入迷拉小提琴，头发飘逸		3秒
77	全景	移		A在台上入迷拉小提琴，头发飘逸		1秒
78	近景	移		田里的麦穗		1秒
79	近景	左移	正	A在台上入迷拉小提琴，头发飘逸		1秒
80	近景	右移		A在台上入迷拉小提琴，头发飘逸		1秒
81	中景	移		C打落A的乐谱愤然离去		1秒
82	近景	右移		A在台上入迷拉小提琴，头发飘逸		1秒
83	全景	固		C故意撞上A		1秒
84	特写	固	正侧	A沮丧的脸		1秒
85	近景	移		A在台上入迷拉小提琴，头发飘逸		1秒
86	中景	移	后	A在台上入迷拉小提琴，头发飘逸		1秒
87	近景	移	正	A在台上入迷拉小提琴，头发飘逸		1秒
88	中景	固	正侧	在街头的台阶上坐着，A正向B诉说		1秒
89	近景	上移		A在台上入迷拉小提琴，头发飘逸		1秒
90	特写	推	后	男子打B		1秒
91	特写	推	正	A在台上入迷拉小提琴，头发飘逸		1秒
92	全景	移	俯	A在稻田里入迷拉小提琴，头发飘逸		1秒
93	特写	推	正	A在台上入迷拉小提琴，头发飘逸		1秒
94	近景	移	正	A在台上入迷拉小提琴，头发飘逸		1秒
95	特写	固		小提琴被砸碎在地		1秒
96	特写	固	正侧	在街头的台阶上坐着，A哭着转头		1秒
97	近景	移	环绕	A在台上入迷拉小提琴，头发飘逸		1秒
98	特写	推移	环绕	将要破茧而出的蛹茧		1秒

续表

镜号	景别	镜头运动	镜头视点	内容	对白音效	时间
99	近景	移	环绕	A在台上入迷拉小提琴,头发飘逸		1秒
100	全景	推	后	A在稻田里入迷拉小提琴,头发飘逸		3秒
101	特写	推移	环绕	蛹破茧而出		2秒
102	近景	移	后	A在稻田里入迷拉小提琴,头发飘逸		1秒
103	近景到全景	跟		破茧而出的蛹,奋力从稻田向天空飞去		4秒
104	近景	移	正	A在台上自信地表演小提琴,演奏完最后一个音符	音乐停止	4秒
105	近景	移	正侧	评委席都张着嘴惊讶不已		3秒
106	近景	固		观众席都听到入迷,一位观众站起来带头鼓掌	掌声想起	2秒
107	近景	固		观众都站起来叫好、鼓掌		1秒
108	全景	移		全场都站起来叫好、鼓掌		1秒
109	近景	固		C站在鼓掌观众群中看着A		2秒
110	近景	固	正	A慢慢地放下小提琴,显得有些惊讶		2秒
111	全景	拉	后	A在台上,观众在台下鼓掌		2秒
112	近景	拉		特效,由灯管转化为潘婷洗发水的标志	出现广告语:潘婷,你能型	3秒

分镜头案例六:安踏

时尚运动篇

时间:30秒,音乐:急速动感的ROCK乐。

1. 画面1(2秒)

一时尚装扮的年轻人踩着滑板进入画面,能清晰地看到滑板及鞋上ANTA的标志。(特写腰以下部分)

2. 画面2(8秒)

滑板者在马路上的车流中自如地穿梭。(特写腰以下部分)

3. 画面3(2秒)

一辆小轿车迎面而来(近景)发出"嘀——"的长鸣。(音乐急停)

4. 画面4(1秒)

滑板者腾空而起(仰视,慢镜头)越过车顶。

5. 画面5(1秒)

滑板者身后,几个滑板青年越过车顶(侧仰视,慢镜头),画面中车里的人目光吃惊地看着滑板青年们。

6. 画面6(4秒)

滑板者着地,向右边一条无车行驶的马路拐去,不时回头看身后。

7. 画面7(2秒)

滑板者发现前方无路可走,仓促左拐,撞在一扇关闭的铁门上(急促的刹车声)。

8. 画面8(6秒)

随着"咣——"的一声,画面晃动,音乐停止,滑板者呈大字仰倒在地上(俯视),画面上出现左右跳动的字幕——"不要得意忘形"。

9. 画面9(4秒)

"吱——"的一声,铁门上一块类似拍电影用的开镜牌子的左边掉了下来(牌子上画有ANTA),以右边为支点自由左右摇摆,画面渐渐消失。(画外音:安踏)

孔令辉篇

时间:45秒

画面1(2秒) 乒乓球台前,孔令辉严阵以待(半身特写)	声音 "噔——"一声闷响出现孔令辉的画面	注:孔的目光坚定
画面2(2秒) 乒乓球另一边,孔令辉对手持球欲发(半身特写)	声音 "噔——"一声闷响出现孔令辉对手的画面	
画面3(20秒) 紧张激烈的比赛场面,画面隐约可见记分牌分数交错上升,最后在22:21处停下	声音 只有乒乓球发出的声音和鞋摩擦地板的声音	注:全部采用近距离拍摄
画面4(4秒) 孔令辉持球欲发,目光坚定,额头上有少许汗水(半身特写)	声音 "咚,咚——"的心跳声	
画面5(12秒) 孔令辉发球,双方你来我往,打得甚是难解难分,对方一记扣球打在孔反手死角,孔令辉见伸拍已不够长,便伸出右脚(特写用脚钩球,将球踢在网上落在对方桌面上,特写,球在桌上上下跳动。)	声效 只有"乒乓"声和鞋摩擦地的声音	注:用两三个回放镜头
画面6(5秒) 隔网特写乒乓球,球上有一个红色"ANTA"标志,标志从球上飞出,背景变黑,ANTA四个字母从屏幕右边滚入	声效 标志飞出配合"噔——"的声音。 画外音 男声(安踏)	注:ANTA四个字母像贴一张纸条一样从左至右过去。

分镜头案例七：帮妈妈洗脚

作品欣赏：国外平面公益广告集锦

时间：45秒

主题：爱心传递、孝敬父母

音效：贯穿全集

镜头一（内景1秒）：（近景）孩子的脚在水盆中，一双大手在给孩子洗脚。

镜头二（内景2—3秒）：孩子的母亲给孩子一边擦脚一边讲故事。母亲说："小鸭子游啊游游上了岸。"

镜头三（内景4秒）：（镜头俯视）孩子快乐地在床上打滚，笑声十分欢乐。

镜头四（内景5秒）：母亲转身开门欲出去，并对孩子说："你自己看，妈妈待会儿再给你讲。"

镜头五（内景6秒）：孩子躺在床上看书。

镜头六（内景7—8秒）：母亲拎着一桶水进了另一个房间。

镜头七（内景9—11秒）：孩子很好奇，就紧跟着也出了门。

镜头八（内景12—13秒）：孩子的母亲正蹲着在给孩子的奶奶洗脚（镜头由远及近），奶奶说："忙了一天了。"

镜头九（内景14—16秒）：奶奶将了将孩子母亲的头发（镜头是那个母亲的脸部特写），奶奶继续说道："歇一会儿吧。"孩子的母亲笑了一笑说："不累。"

镜头十（内景16—17秒）：切换至孩子的近景，孩子倚在门边看着这一切。

镜头十一（内景18—21秒）：孩子的母亲舀着水给奶奶洗脚（镜头由下而上）（镜头给了奶奶特写），奶奶轻轻叹了口气，同时孩子的母亲说："妈，烫烫脚对您的腿有好处。"

镜头十二（内景22—23秒）：（孩子脸部特写）孩子看到这番情景以后，转身跑了出去。

镜头十三（内景24—27秒）：孩子的母亲回到孩子房间打开门一看，孩子不在房间里，房间里的风铃丁零作响。母亲好像听到孩子的声音了，便回头看去。

镜头十四（内景28—30秒）：这时，孩子端着一盆水由远及近走来。（镜头速度放慢）

镜头十五（内景31—34秒）：镜头给了孩子近景特写，孩子笑逐颜开地说："妈妈，洗脚。"

镜头十六（内景35—38秒）：孩子的母亲露出了欣慰的笑容（母亲脸部特写）。38秒时画外音起。

镜头十七（内景39秒）：镜头转换。

镜头十八（内景40—45秒）：坐在板凳上的孩子给坐在床边的母亲洗脚，对母亲说："妈妈，我也给你讲小鸭子的故事。"同时，画外音："其实，父母是孩子最好的老师。"画面字幕：将爱心传递下去。（同时镜头画面逐渐模糊）

实训项目2.3：如何为商品故事设计分镜头

1.学习目标

素质目标：培养学生运用马克思主义唯物史观和辩证法思考问题，讲好中国故事。

能力目标：培养学生讲好中国商品故事的分镜头技巧和能力。

知识目标：掌握影视广告分镜头设计的相关知识。

2.项目描述

学生将已经撰写好的故事梗概细化为分镜头，撰写详细的分镜头脚本。

3.任务实施

第一步，选择自己要推广的商品。第二步，寻找商品的优点。第三步，撰写商品的故事梗概。第四步，设计商品故事的分镜头脚本。

4.项目测验

在限定的20分钟内，写出商品故事一个场景的分镜头脚本。

5.反思总结

思考并总结如何让分镜头脚本最大程度地表现故事的矛盾和人物的情感，用300字左右阐释你的观点。

第三章
影视广告拍摄

※ 第一节　影视广告拍摄基础

一、影视广告景别

景别，是指被摄主体和画面形象在电视屏幕框架结构中所呈现出的大小和范围。决定画面景别大小的因素有两个：一是摄像机和被摄主体之间的实际距离；二是摄像机所使用镜头的焦距长短。

影视广告景别选择的依据：一般来说，远景和全景是交代故事发生的场所和背景，中景主要表现动作和人物之间的交流，近景主要表现人物的情感。特写主要用来刻画一些重要的细节。不同景别的合理组接才能让叙事完整清晰，感情表达准确到位，从而形成一定的叙事节奏，让观众获得很好的视听享受。

远景主要用来表现广阔空间或开阔场面的画面。如果细分的话，远景又可分为大远景和远景。远景重点表现的是环境。远景的用光要求是，不用顺光，而选择侧光形成画面层次。远景对摄像机移动速度的要求是，摄像速度不宜太快。

全景一般用来表现人物全身形象或某一具体场景全貌的画面。我们对于全景的拍摄要求有：表现出被摄主体与周围环境的相互关系；选择适当前景来帮衬内容表达并加强纵深感；选择与主体不同色调的背景来衬托主体、突出主体；注意画面总体光效一致和轴线关系一致。

中景一般用来表现成年人膝盖以上部分或场景局部的画面。中景重点表现事物内部的结构线、人物的视线、人物的动作线、人与人或者人与物的关系线。必须注意抓取具有本质特征的现象、表情和动作，使人物和镜头富于变化。

近景主要表现成年人胸部以上部分或物体局部的画面。在拍摄近景画面的时候，我们应该注意：重点表现人物的面部神态和情绪；在电视剧中拍摄近景的时候，我们常常需要给演员打一个眼神光，从而更加有效地表现演员的表情；在拍摄人物近景的时候，画面应该力求简洁，画面的背景常常可以虚化，背景虚化是我们经常使用的简化背景的方法。

特写主要是用来表现成年人肩部以上的头像或某些被摄对象细部的画面。首先，我们在拍摄特写的时候需要选择最有价值的细部。比如说拍摄人物的脸部，事物最有特点的地方。其次，我们必须准确表现被摄主体的质感、形体、颜色等。我们知道特写镜头有一种放大事物的作用，所以，我们在拍摄特写时，一定要注意被摄主体的质感、形状、颜色，这些特点都会被观众直接感觉到，从而形成一定的视觉印象。最后，拍摄特写画面时，画面应该力求饱满，只有画面饱满的特写，才能形成最大视觉冲击力和感染力。

二、影视广告拍摄角度

电视摄像的拍摄角度可以从两个方面来理解：一种是指摄像机与被摄主体所构成的几何角度；另一种是指摄像机与被摄主体所构成的心理角度。从电视摄像几何角度来说，可以分为摄像高度和摄像方向。

影视广告拍摄角度选择的依据：仰摄画面中形象主体显得高大、挺拔、具有权威感，视觉重量感比正常平视要大。因此，画面带有赞颂、敬仰、自豪、骄傲等感情色彩，常被用来表现崇高、庄严、伟大的气概和情绪。

平角度拍摄时由于镜头与被摄对象在同一水平线上，其视觉效果与日常生活中人们观察事物的正常情况相似，被摄对象不易变形，使人感到平等、客观、公正、冷静、亲切。

由于俯摄人物时对象显得猥琐、低矮，画面往往带有贬义，所以要慎用。

正面拍摄一般用在比较正式的场合，给人以庄严、稳重的感觉，但正面拍摄缺少动感。侧面拍摄适合表现人物之间的交流。

我们在影片中最常用的是斜侧面拍摄，这个角度既可以有效地传达信息，又可以增加画面的立体感和美感。这里的难点是斜侧面拍摄的准确角度，这需要拍摄者针对不同的拍摄对象反复实践，揣摩出拍摄的最佳角度，从而实现最美的拍摄效果。

摄像高度是指摄像机镜头与被摄主体在垂直平面上的相对位置或者相对高度。从摄像高度上讲，电视摄像的拍摄角度包括平摄、仰摄和俯摄。

知识拓展：运动镜头在动作片中的经典运用

平角度拍摄的不偏不倚使得画面结构稳固、安定，形象主体平凡、和谐，是新闻摄像通常选用的拍摄高度。

仰角拍摄是摄像机低于被摄主体的水平线向上进行的拍摄。仰角拍摄由于镜头低于拍摄对象，产生从上往下、从低向高的仰视效果。仰角拍摄使地平线处于画面下端或从下端出画，常出现以天空或某种特定物体为背景的图画，可以净化背景，达到突出主体的目的。

俯角拍摄是一种自上往下、由高向低的俯视效果。这时摄像机镜头高于被摄主体水平线。俯角拍摄在表现人物活动时，易于展示人物的方位和阵势。

除了从摄像高度上进行分类外，我们还可以从摄像方向上进行分类。从摄像方向上分类是指摄像机镜头与被摄主体在水平平面上一周的相对位置上进行分类，即通常所说的正面、背面或侧面。

正面方向拍摄时，摄像机镜头在被摄主体的正前方进行拍摄。正面方向拍摄人物时，可以看到人物完整的脸部特征和表情动作，有利于画面人物与观众面对面地交流，使观众容易产生参与感和亲切感。

侧面方向拍摄一般包括正侧、斜侧方向。正侧面方向拍摄是指在摄像机镜头与被摄主体正面方向成90°角的位置上进行拍摄，即通常所说的正左方和正右方。斜侧面方向拍摄是指摄像机在被摄对象正面、背面和正侧面以外的任何一个水平方向进行的拍摄，通常我们所说的右前方、左前方及右后方、左后方，统称为斜侧方向拍摄。我们一般在拍摄过程中使用斜侧方向进行拍摄，这是因为斜侧方向既利于安排主体和陪体，又利于调度和取景，因此，斜侧是摄像方向中运用最多的一种拍摄方向。

背面方向拍摄是在被摄对象的背后即正后方进行拍摄。背面镜头一方面可以造成一定的视觉悬念，另一方面可以形成一定的视觉美感。这里需要提醒大家的是，一般来说，背面镜头无法单独使用，它经常和正面镜头、侧面镜头配合使用。

三、影视广告运动镜头

所谓运动摄像，就是在一个镜头中通过移动摄像机机位，或者变动镜头光轴，或者变化镜头焦距进行的拍摄。运动摄像包括推摄、拉摄、摇摄、移摄、跟摄、升降摄像和综合运动摄像。

推镜头的功用和表现力包括：①突出主体人物，突出重点形象。推镜头在将画面推向被摄主体的同时，取景范围由大到小，随着次要部分不断移出画外，所要表现的主体部分逐渐"放大"并充满画面，因而具有突出主体人物、突出重点形象的作用。②突出细节，突出重要的情节因素。③在一个镜头中介绍整体与局部、客观环境与主体人物的关系。我们经常可以在屏幕上看到一些推镜头从远景或全景景别起幅，到特写人物落幅，从整体中突出局部。

摇、移、跟的拍摄动感非常强，视觉冲击力大。当我们在拍摄静止的建筑物时可以用摇、移镜头来表现，这样可以实现移步换景的视觉效果。我们拍摄运动事物时，也可以使用摇、移、跟的镜头，因为这类镜头运动感强烈，所以，让观众更有身临其境的感觉。但拍摄起来难度较大，因为拍摄的运动节奏必须和拍摄的主题内容相适应，有的运动事物运动速度非常快，这就对拍摄者提出了更高的要求。一般来说，摇、移、跟镜头不能使用特写镜头，一般为全景或中景镜头，与此同时，还要求摄像者提前对运动事物有一个准确的判断，这样才能做到准确到位的摇摄、移摄和跟摄。

推摄是摄像机向被摄主体的方向推进，或者变动镜头焦距使画面框架由远而近向被摄主体不断接近的拍摄方法。用这种方式拍摄的运动画面，称为推镜头。

推镜头形成视觉前移的效果，推摄时由镜头向前推进的过程造成了画面框架前运动。比如，推镜头里可以从全景推到面部特写。推镜头具有明确的主体目标，推镜头无论推速缓急的变化和推得长短等不同，总可以分为起幅、推进、落幅三个部分。比如，拍摄摘取奥运会金牌的中国运动员时，从运动员全景推到眼含泪花特写，全景是起幅，特写是落幅，中间是推进。推镜头在一个镜头中景别不断发生变化，有连续前进式蒙太奇句子的作用。前进式蒙太奇是一种大景别逐步向小景别跳跃递进的组接方式，它对事物的表现有步步深入的效果和作用。

推镜头推进速度的快慢可以影响和调整画面节奏，从而产生外化的情绪力量。推镜头使画面框架处于运动之中，直接形成了画面外部的运动节奏。如果推进的速度缓慢而平稳，能够表现出安宁、幽静、平和、神秘等氛围。如果推进的速度急剧而短促，则常显示出一种紧张和不安的气氛，或是激动、气愤等情绪。

推镜头可以通过突出一个重要的戏剧元素来表现特定的主题和含义。推镜头还可以加强或减弱运动主体的动感。那种无明确目标、"漫无边际"没有任何表现意义，仅仅是为了推而推的镜头，应列入清除之列。推镜头的重点是落幅，起幅、落幅应该是一段时间长度的静止画面，推的终点应该是造型上的终点，而不是技术上的终点。

推镜头在推进的过程中，画面构图应始终注意保持主体在画面结构中心的位置。推镜头的推进速度要与画面内的情绪和节奏相一致。

在移动机位的推镜头中，画面焦点要随着机位与被摄主体之间距离的变化而变化。用变焦距的方式拍摄推镜头，画面焦点应以落幅画面中心的主体为基准。

拉摄是摄像机逐渐远离被摄主体，或变动镜头焦距使画面框架由近到远与主体拉开距离的拍摄方法。拉镜头可以形成视觉后移效果，拉镜头的过程中被摄主体由大变小，周围环境由小变大。拉镜头的功用和表现力主要表现在：拉镜头有利于表现主体和主体所处环境的关系。具体来说，拉镜头可以表现此点在此面的位置，表现点与面所构成的某种关系。

拉镜头画面的取景范围和表现空间是从小到大不断扩展的，使得画面构图形成多结构变化。拉镜头可以通过纵向空间和纵向方位上的画面形象形成对比、反衬或比喻等效果。拉镜头从不易推测出整体形象的局部为起幅，有利于调动观众对整体形象逐渐出现直至呈现完整形象的想象和猜测。拉镜头在一个镜头中景别连续变化，保持了画面表现时空的完整和连贯。拉镜头内部节奏由紧到松，与推镜头相比，较能发挥感情上的余韵，产生许多微妙的感情色彩。拉镜头常被用作结束性和结论性的镜头，因此，利用拉镜头可以作为转场镜头。

初学者使用推拉镜头过程中经常出现的错误有：推拉的过程不均匀，没有起幅，落幅时犹豫不决，有时会形成二次推拉。这要求拍摄者在拍摄前一定要考虑好拍摄内容的起幅、落幅和运动过程，在拍摄前最好先演练一遍，如果存在问题，在演练过程中纠正过来，然后再进行实际拍摄，从而保证推拉镜头的拍摄质量。

推拉镜头的难点是推拉的节奏问题，推拉的快慢与拍摄内容要表达的主题有着直接的关系。例如，在拍摄演唱会时，如果是节奏强烈的摇滚，我们可以使用较快的推拉节奏；如果是节奏缓慢的抒情歌曲，我们可以使用较慢的推拉节奏。具体的节奏掌握，需要拍摄者认真观看优秀的影视作品的拍摄，同时需要反复进行实践操作训练手感，从而能够完整准确地实现拍摄者的意图。

摇摄是指摄像机机位不动，借助于三脚架上的活动底盘（云台）或者拍摄者自身的人体，变动摄像机光学镜头轴线的拍摄方法。

摇镜头有以下几个特点：摇镜头可以模仿人的视线移动；一个完整的摇镜头包括起幅、摇动、落幅；一个摇镜头从起幅到落幅的运动过程，迫使观众不断调整自己的视觉注意力。

摇镜头的功用和表现力主要体现在：展示空间，扩大视野；有利于通过小景别画面包容更多的视觉信息；介绍、交代同一场景中两个物体的内在联系；利用性质、意义相反或相近的两个主体，通过摇镜头把它们连接起来表示某种暗喻、对比、并列、因果关系；在表现三个或三个以上主体或主体之间的联系时，镜头摇过时或作减速，或作停顿，以构成一种间歇摇；在一个稳定起幅画面后利用极快的摇速使画面中的形象全部虚化，以形成具有特殊表现力的甩镜头；用追摇方式表现运动主体的动态、动势、运动方向和运动轨迹；对一组相同或相似的画面主体用摇的方式让它们逐个出现，可形成一种积累的效果；用摇镜头摇出意外之物，制造悬念，在一个镜头内形成视觉注意力的起伏；利用摇镜头表现一种主观性镜头；利用非水平的倾斜摇、旋转摇，表现一种特定的情绪和气氛；摇镜头也是画面转场的有效手法之一。摇镜头的拍摄要求包括：摇镜头必须有明确的目的性；摇摄的速度应与画面内的情绪相对应；摇镜头要讲求整个摇动过程的完整与和谐。

移摄是指将摄像机架在活动物体上随之运动而进行的拍摄。用移动摄像的方法拍摄的电视画面称之为移动镜头，简称移镜头。移动镜头具有下列特征：摄像机的运动使得画面框架始终处于运动之中，画面内的物体不论是处于运动状态还是静止状态，都会呈现出位置不断移动的态势。比如，用移镜头拍摄人民英雄纪念碑碑身上的浮雕，虽然纪念碑是屹立不动的，但画面中的浮雕却都会表现出位移和连续运动的态势。摄像机的运动，直接调动了观众生活中运动的视觉感受，唤起了人们在各种交通工具上以及行走时的视觉体验，使观众产生一种身临其境之感。移动镜头具有主观性。移动镜头表现的画面空间是完整而连贯的，摄像机不停地运动，每时每刻都在改变观众的视点，在一个镜头中构成一种多景别、多构图的造型效果，这就起着一种与蒙太奇相似的作用，最后使镜头有了它自身的节奏。

移动摄像根据摄像机移动的方向不同，大致分为前移动、后移动、横移动和曲线移动四大类。移动镜头的作用和表现力主要包括：移动镜头通过摄像机的移动开拓了画面的造型空间，创造出独特的视觉艺术效果；移动镜头在表现大场面、大纵深，多景物、多层次的复杂场景时具有气势恢宏的造型效果；移动摄像可以表现某种主观倾向，通过有强烈主观色彩的镜头表现出更为自然生动的真实感和现场感；移动摄像摆脱定点拍摄后形成多样化的视点，可以表现出各种运动条件下的视觉效果。移动镜头的拍摄主要要求是画面动感强并且平稳。

跟摄是指摄像机始终跟随运动的被摄主体一起运动而进行的拍摄。用这种方式拍摄的电视画面称为跟镜头。跟镜头大致可以分为前跟、后跟、侧跟三种情况。前跟是从被摄主体的正面拍摄，也就是摄像师倒退拍摄，背跟和侧跟是摄像师在人物背后或旁侧跟随拍摄的方式。跟镜头通常来讲具有以下特点：画面始终跟随一个运动的主体（人物或物体）。由于摄像机运动的速度与被摄对象的运动速度相一致，这个运动着的被摄对象在画框中处于一个相对稳定的位置上，而背景环境则始终处在变化中。被摄对象在画框中的位置相对稳定，画面对主体表现的景别也相对稳定。跟镜头不同于摄像机位置向前推进的推镜头。跟镜头的作用是：跟镜头能够连续而详尽地表现运动中的被摄主体，它既能突出主体，又能交代主体的运动方向、速度、体态及其与环境的关系。跟镜头跟随被摄对象一起运动，形成一种运动的主体不变、静止的背景变化的造型效果，有利于通过人物引出环境。从人物背后跟随拍摄的跟镜头，由于观众与被摄人员视点的同一（合一），可以表现出一种主观性镜头。跟镜头对人物、事件、场面的跟随记录的表现方式，在纪实节目和新闻节目的拍摄中有着重要的纪实性意义。跟镜头拍摄时应注意的问题：一是让拍摄对象在画框中位置稳定；二是跟拍时焦点、角度和光线都不一样。

摄像机借助升降装置等一边升降一边拍摄的方式叫作升降拍摄。用这种方法拍到的电视画面叫作升降镜头。升降镜头的画面造型特点包括：升降镜头的升降运动带来了画面视域的扩展和收缩；升降镜头视点的连续变化形成了多角度、多方位的多构图效果。在一个镜头中随着摄像机的高度变化和视点的转换，给观众以丰富多样的视觉感受。升降镜头的功能和表现力包括：升降镜头有利于表现高大物体的各个局部；升降镜头有利于表现纵深空间中的点面关系；升降镜头常用来展示事件或场面的规模、气势和氛围；镜头的升降可实现一个镜头内的内容转换与调度；升降镜头可以表现出画面内容中感情状态的变化。在升降拍摄中需要注意的问题是，造型性太多可能破坏画面的真实感。

实训项目3.1：如何拍摄商品广告

1.学习目标

素质目标：培养学生运用马克思主义唯物史观和辩证法思考问题，讲好中国故事。

能力目标：培养学生拍摄中国商品故事的技巧和能力。

知识目标：掌握影视广告拍摄的相关知识。

2.项目描述

学生根据撰写好的分镜头，用1台摄像机进行商品广告的拍摄。

3.任务实施

第一步，选择自己要推广的商品。第二步，寻找商品的优点。第三步，撰写商品的故事梗概。第四步，设计商品故事的分镜头脚本，第五步，根据分镜头脚本，用1台摄像机完成商品广告的拍摄任务。

4.项目测验

对照分镜头脚本，检查拍摄完成的商品视频。

5.反思总结

在实际的商品广告拍摄中，特写在拍摄影片中的比例多少为最佳？用300字左右阐释你的观点。

第二节　影视广告拍摄常见问题

一、镜头成组问题与解决技巧

镜头成组的依据：很多同学在拍摄初期只注重拍摄画面的叙事功能，初学者喜欢用一个长镜头表现一个叙事单元或场景，这是一种典型的没有分镜头意识的做法。为了改变初学者这种镜头习惯，要求所有拍摄者在拍摄一个叙事单元时至少使用三个镜头：第一个镜头交代环境、位置、人物关系；第二个镜头交代动作或者表情；第三个镜头强调要表现的细部。在拍摄一个动作时最少要使用三个镜头：第一个镜头是动作开始，第二个是动作进行中，第三个是动作结束。在甲乙两人对话过程中，至少要使用三个镜头：第一个镜头是甲的镜头；第二个镜头是乙的镜头；第三个镜头是甲乙两人的镜头。需要大家注意的是，这些规律只是帮助初学者建立分镜头意识，一旦大家掌握了分镜头的具体应用，就可以自由设计分镜头了。

在实际拍摄时，编摄人员围绕被摄对象进行镜头调度时，为了保证被摄对象在电视画面空间中的正确位置和方向的统一，摄像机要在一侧180°之内的区域设置机位、安排角度、调度景别，这即是摄像师处理镜头调度必须遵循的"轴线规则"。

轴线规则可以保证我们拍摄事物方位的前后一致性，但却对我们拍摄的位置进行了限制，为了突破这种限制，很多时候，我们需要越轴拍摄，以便取得更好的画面效果。越轴后，方位就会出现混乱，为了避免这种混乱，我们在实践中，总结了很多实用的越轴方法：利用被摄对象的运动变化改变原有轴线；利用摄像机的运动来越过原先的轴线；利用中性镜头间隔轴线两边的镜头，缓和越轴给观众造成的视觉上的跳跃；利用插入镜头改变方向，越过轴线；利用双轴线，越过一个轴线，由另一个轴线去完成画面空间的统一。

一个轴线关系可以拍摄的成组镜头一般是20个：

第一组镜头：内反拍镜头（3个）；

第二组镜头：外反拍镜头（3个）；

第三组镜头：平行拍镜头（3个）；

第四组镜头：轴线上镜头（2个）；

第五组镜头：轴线另一侧，内反拍镜头（3个）；

第六组镜头：轴线另一侧，外反拍镜头（3个）；

第七组镜头：轴线另一侧，平行拍镜头（3个）。

二、分镜头设计连贯问题与解决技巧

（一）建立在单轴线基础上的分镜头

影视广告分镜头摄像方面的依据，主要是轴线规律。在故事的叙述中，常常出现这种情况：两个人面对面的对话，一个人代表a点，一个人代表b点。在a点和b点之间形成一条直线。这条直线被称为关系轴线。比如在影视广告《空房子》中就出现了年轻男子和老人之间的轴线关系。当年轻男子给老人让座后，老人仔细打量年轻男子，所有这时出现的场景，都是轴线规律上的镜头，也被称为主观镜头（图3-1、图3-2）。

很多同学在拍摄时，易出现的问题就是，依据故事情节进行拍摄，而不是依据整个的轴线规律拍摄，常常会出现越过轴线的情况。例如，《空房子》中出现了老人和年轻男子对话的情景，在对话中，出现越轴情况（图3-3～图3-5）。

图3-1　周村广告片《空房子》截图1

在这组镜头中，年轻男子一会儿在画面左面，一会儿在画面右面，方位关系混乱的原因是拍摄的时候越过了轴线。

（二）建立在多轴线基础上的分镜头

在实际拍摄中，并不是仅有一条轴线，有时会有多条轴线同时出现在我们的故事情节中，这时在设计分镜头时，依然要保持冷静的头脑，必须摆脱随意设计故事情节和任意拍摄的习惯。在《空房子》中，常常出现老太太、年轻女子和年轻男子三人之间的三条轴线。在三条轴线同时出现时，强调轴线的时候就应以重点表现的轴线为主。例如，《空房子》中一场戏，表现年轻男子和女子之间互动的时候，就应该以年轻男子和女子之间的轴线为主（图3-6、图3-7）。

当我们着重强调女子和老太太之间交流的时候，就应该以女子和老太太之间的轴线为主（图3-8、图3-9）。

当老人与年轻男子、女子同处一室，同时进行交流的时候，就要看重点表现的是男子、女子，还是老人。如果重点表现的是老人，就要看是强调老人与年轻男子的关系，还是强调老人与年轻女子之间的关系（图3-10～图3-15）。

图3-2　周村广告片《空房子》截图2

图3-3　周村广告片《空房子》截图3

图3-4　周村广告片《空房子》截图4

图3-5　周村广告片《空房子》截图5

图3-6　周村广告片《空房子》截图6

图3-7　周村广告片《空房子》截图7

图3-8　周村广告片《空房子》截图8

图3-12　周村广告片《空房子》截图12

图3-9　周村广告片《空房子》截图9

图3-13　周村广告片《空房子》截图13

图3-10　周村广告片《空房子》截图10

图3-14　周村广告片《空房子》截图14

图3-11　周村广告片《空房子》截图11

图3-15　周村广告片《空房子》截图15

在这组图中，表现的是一个房间内三人之间的关系，三条轴线不停地交叉出现，这组图的轴线分别是：老人与年轻女子之间的轴线（表现的是老人对女子安全的关心）（图3-10），老人与年轻男子之间的轴线（表现男子向老人解释）（图3-11），老人与年轻男子之间的轴线（表现老人与男子关系的疏离）（图3-12），年轻男子与女子之间的轴线（表现男子对女子的解释）（图3-13），老人与年轻男子之间的轴线（表现老人对年轻男子的质疑）（图3-14），年轻男子与年轻女子之间的轴线（再度表现年轻男子对女子的解释）（图3-15）。

一条轴线还是多条轴线，要依据具体故事的内容、情节的设定和人物的情感等方面。例如，在《空房子》中，我们看到，在强调男子与老人交流时，突出了人物的情感，这时候，男子与老人之间的轴线成为主要表现的内容。为了加强情感的戏份，我们选取部分室内的物件，比如婚礼的衣服，或者老人珍爱的物件来作为一个情感的寄托和情感的象征。这种物件就成为一条新轴线产生的依据。这时候，由于这个物件的象征中介作用，就出现了老人和物件、男子三者之间的关系，形成了三条关系轴线，这样使拍摄镜头的丰富成为可能。

（三）建立在运动轴线基础上的分镜头

在分镜头设计中除了注意人物关系之外，还要注意人物发出的动作、视线和人物用的道具之间的关系。当故事在强调人物动作的时候就要以动作关系为主轴线，我们称之为运动轴线。要保证运动轴线方位的统一，所以，当一个人在向前走的时候，要注意他走的方向的目的地，从而确定拍摄如何进行。当我们进行拍摄的时候，要选择一个人向前走到目的地的过程中有标志性或者有特点的物件作为前景，例如《空房子》开始时车辆行驶的画面，就保持了运动方向的统一（图3-16、图3-17）。

图3-16　周村广告片《空房子》截图16

图3-17　周村广告片《空房子》截图17

在影视广告的分镜头设计中，镜头的运动起着重要的作用。一般来说，电影，或者电视，需要镜头的运动增强视觉的动感。镜头运动的依据之一，是拍摄对象的运动。例如，《空房子》中开篇的镜头就是车辆的运动镜头，该运动镜头的依据就是汽车的运动、人物的运动。除了拍摄对象的运动之外，还有摄像机的主动运动。在拍摄建筑物时，为了追求动感，我们常常进行摄像机的运动，比如，在《空房子》中，在表现古镇美景和文化的时候，采用了镜头的运动。通过镜头的运动，整个被拍摄对象的动感增强了，从而有效地表现了被拍摄主体（图3-18、图3-19）。

（四）建立在视向轴线基础上的分镜头

我们经常使用视向轴线来处理场面的过渡，在转场的过程中，很多同学经常使用淡入淡出。这种淡入淡出的特技，经常会产生脱离情感、脱离主题的感觉，破坏整个影片的氛围，使镜头的设计感减弱。为了增强镜头的设计感，我们经常利用视向轴线进行场面的过渡。例如，在《空房子》的开篇中使用了一组运动镜头，这个公交车运动的视角，正是男子坐在车中看到的景象，是依据视向轴线镜头拍摄，正因为它基于男子的视线拍摄，所以，当镜头转到男子时显得合情合理，非常自然。同样，当老人走进女子房间，看到男子站在房间的门口，然后老人又走到女子床前的时候，我们看到，整个的视角都是老人的眼睛看到的，所以，整个镜头具有转换场景的作用。当我们看到这个场景前，老人正在把衣服放进柜子里，她突然听到了声音，然后转头，整个视线发生了变化（图3-20～图3-22）。

图3-18　周村广告片《空房子》截图18

图3-22　周村广告片《空房子》截图22

图3-19　周村广告片《空房子》截图19

图3-20　周村广告片《空房子》截图20

图3-21　周村广告片《空房子》截图21

三、光线色彩处理问题与解决技巧

摄像机的基本操作可以概括为：先要选择手动拍摄，因为手动拍摄画面质量更高。为了保证正常的光线，首先调节光圈和快门。在一般情况下，快门的数值要大于50，才能保证画面没有拖拽感和锯齿出现。然后调节光圈和快门的数值，使光线达到一个较好的效果，为了避免曝光过度，摄像机设置了斑马纹来进行测光，当斑马纹过多时，则提醒可能存在曝光过度的情况。

灯光的色温一般为3 200K左右，白天室外色温一般为5 600K左右，但需要注意的是这两个值只是参考。在实践中，我们经常选用一张白纸调整准确的白平衡。在实践中很多初学者随便选用一张白纸，这种随便选用的白纸可能在光线的照射下是偏蓝的，这样调整出的画面就是偏红的，所以，初学者一定要尽量使用标准的白纸，同时注意仔细观察拍摄的画面。很多专业人士使用灰度板作为白平衡的依据，这样调整出的画面颜色是标准的。

在拍摄景物有直射光线时，最好能够同时拍摄直射光线照射景物时形成的阴影，这样可以让整个画面的立体感更强，充分发挥直射光线的优点。在直射光线拍摄人物时，要防止阴阳脸的出现，在人物脸的一面有直射光线时，一定要在脸的另一面进行补光，在室外补光时，我们一般使用反光板进行补光。

常用的主光照明形式的光源一般在被摄对象左或右的前侧水平30°～80°、高度45°～60°的位置上。辅助光的位置一般在主光灯一边，以紧靠摄像机为宜，有时也根据需要放到另一侧紧靠摄像机的位置上，略高于人物头部或平行于头部均可，目的是减少主光造成的阴影。轮廓光的水平位置不能太偏，一般应置于被摄主体后方或侧后方，不能太高，否则会成为顶光。主光与辅助光的光比一般不小于2∶1，主光与轮廓光的光比一般是1∶1或1∶2。在电视摄像的灯光使用中，需要拍摄者反复实践，所有教材提供的数值仅能作为一种参考，最后具体的灯光设置要根据拍摄画面需要的效果而定。

（一）准确判断色温

在电视画面拍摄过程中，电视用光的来源可以分为自然光源和人工光源。人工光源又可分为火焰光源和电光源两类。在我们的实际拍摄中，一定要正确处理自然光源和人工光源的相互配合。通过两种光源的合理搭配，营造出需要的光线造型。

色温是电视光源的一个重要参数，它从一个方面反映了光源的颜色质量。色温是以"完全辐射体"（一个不反射入射光的封闭的绝对黑体，如碳块）的温度来表示一个实际光源的光谱成分。色温常用开尔文温标表示，即以绝对零度（-273℃）为基准，以°K（或K）为符号。当把这个绝对黑体逐渐加热，随着温度的升高，其颜色便会发生相应的变化，从黑到暗红，又从暗红转为黄白，最后变成青白色。这种现象说明在不同温度下，"完全辐射体"辐射出来的光谱成分会产生一系列的光色变化。

（二）合理把握光线性质

光线的性质首先取决于光源的性质。自然界的光线基本上是以三种状态出现的，即直射光线（又称为硬光）、散射光线（又称为软光）和混合光线。

直射光线是指在被摄主体上产生清晰投影的光线。诸如晴朗天气下的阳光、聚光灯照明都属于直射光线。

直射光线在电视摄像造型中有着积极的作用：直射光线有明确的投射方向，便于造型和布光控制；直射光线能在被摄主体上构成明亮部分、阴影部分及其投影，并以此拉开画面反差；直射光线能强化出被摄主体的立体形状、轮廓形式、表面结构和表面质感；

直射光线能够显示时间性；直射光线光源集中，容易限制和控制。当然，直射光线也有自身的局限性，直射光线的缺点是：直射光线容易产生局部光斑，特别是在明亮金属等反光率极高的物体上产生的强光反射，可能超出摄像机记录景物的宽容度；直线光线在单一光源时造型效果可能生硬，多光源时投影处理不好又容易出现光影混乱的现象。

影片《田埂上的梦》中，黑暗的房间里，电视机发出的光直射在父亲的脸上，父亲的形象犹如浮雕一般的感觉，脸上朴实的笑容真实散发在他的脸上，又深深地刻画到了观众的心中，作为父亲为儿子感到骄傲与喜悦的幸福感在这个简陋的房间里显得格外珍贵（图3-23）。

图3-23 《田埂上的梦》截图1

散射光线是指在被摄主体上不产生明显投影的光线。其照明特点是：照明均匀，光调柔和，能用光调描绘被摄主体的外观形貌；没有明显的投射方向，物体受光面大，易表现其细腻的层次；由于被摄主体表面均匀受光，其亮度反差取决于各自的反光率，容易控制在摄像机的宽容度内记录和表现。

影片《田埂上的梦》中，角落里散射出的夕阳勾勒出了大树与人物的轮廓，卓君就在大树树荫下的阳光里舞蹈，画面唯美，卓君在这个小山村里起舞很是享受，同时渗透出一种孤独感（图3-24）。卓君站在高处是那么憧憬着村子外面的世界。

混合光线是指既有直射光线又有散射光线的混合照明光线。在实际的拍摄现场这种光线经常出现，它具有直射光线和散射光线的特点，并具有较完美的造型性。

图3-24 《田埂上的梦》截图2

很多初学者拍摄夜景选择晚上拍摄，结果拍摄效果不佳。拍摄夜景最佳的时间是在日出前和日落后的一段时间，这时利用天空中的散射光可以拍摄出各种景物的轮廓，与此同时，天空中的散射光还可以与人工光（如路灯等）形成色温上的差异，造成明显的色调上的冷暖对比；如果初学者选择晚上拍摄夜景，由于摄像机的宽容度无法跟人眼相比，所以，晚上摄像机无法拍出我们看到的夜景。

（三）正确调整光的角度

光线方向，是光源位置与拍摄方向之间所形成的光线照射角度。根据光线方向，可以把光分为顺光、逆光、侧光、顶光和脚光。

顺光：顺光又叫作平光、正面光。光线从摄像机方向照明被摄对象，其影子直接投在背光面而被遮没，被摄对象表面均匀受光，画面上看不到较暗的调子及由暗到亮的影调变化，能较好地表现景物固有的色彩，构成一种平面照明。

《田埂上的梦》主人公卓君在影片中两次路过村上小卖部的电视机，两次都改变了他的命运，顺光使年幼的卓君与长大后的卓君脸上都布满了阳光，画面充满了希望的温馨感，小时候的卓君看到杰克逊舞蹈时充满惊喜与好奇，而今更加增添一份坚定感（图3-25）。

图3-25 《田埂上的梦》截图3

逆光：逆光又叫作背面光。当光源照明方向与摄像机镜头方向相对，并处于被摄对象身后时，被摄对象处于逆光状态。此时光源、被摄对象和摄像机形成了大约180°的平角。

逆光拍摄是《田埂上的梦》影视广告的特色之一，夕阳之下，男主人公卓君独自舞蹈在一望无际的稻田之中，勾勒出他沉醉在其中的轮廓，稚嫩、坚毅、帅气，还带有一种倔强的感人色彩（图3-26）。

图3-26 《田埂上的梦》截图4

侧光：侧光又叫作侧面光。当光源照射方向与摄像机镜头光轴方向成左右90°角时，被摄对象受光面和背光面各占一半，投影于一侧。前侧光，又叫作顺侧光。当光源处于顺光照明和侧光照明之间的角度上，即构成顺侧光照明。后侧光，又叫作侧逆光。光源位于被摄对象后侧方向，即处于侧光照明和逆光照明之间的角度上。

图3-27所示是《田埂上的梦》主人公陷入迷茫煎熬的时刻，侧光照耀在他的身上，让他脸上挂满的落寞一览无余，一半明媚，一半黑暗，主人公的心也在这一半明媚一半黑暗的复杂心境中。"我难道真的只是一只跳舞的猴子吗？""我的梦想到底该如何坚持？"这些内心的挣扎没有成为秘密，而是告诉了你我。

图3-27 《田埂上的梦》截图5

顶光：顶光是来自被摄对象的顶部的光线。顶光照明下地面风景的水平面照度较大，垂直面照度较小，反差较大，能取得较好的影调效果。

如图3-28所示，影片《田埂上的梦》中这张饭桌是卓君与父亲第一次交流的地方，父亲沉默，没有一句台词，但却是卓君的第一位观众。一束顶光下，照亮了桌子上的粗茶淡饭，将父亲置于黑暗之中，在这场梦想的拉锯战中，其实孤独的不只是卓君，还有卓君的父亲。

图3-28 《田埂上的梦》截图6

脚光：脚光是从被摄对象的底部或下方发出的光线。与顶光一样，脚光的光影结构也是反常的造型效果，与人们日常所见的日光和灯光光照相悖。

（四）整体把握光的造型

根据光的造型，可以把光分为主光、辅助光、环境光、轮廓光、眼神光、修饰光等。主光：又称为塑性光，是刻画人物和表现环境的主要光线。不管其方向如何，应在各种光线中占统治地位，是画面中最引人注目的光线。辅助光：又称为副光，是用以补充主光照明的光线。辅助光一般是无阴影的软光，用以减弱主光的生硬粗糙的阴影，减低受光面和背光面的反差，提高暗部影像的造型表现力。环境光：又叫作背景光，是指专用以照明背景和环境的光线。轮廓光：是使被摄对象产生明亮边缘的光线。其主要任务是勾画和突出被摄对象富有表现力的轮廓形式。眼神光：是使主体人物眼球上产生光斑的光线。它能使人物目光炯炯有神、明亮而又活跃。眼神光主要在人物的近景和特写景别中才有明显的效果。修饰光：修饰光是指用以修饰被摄对象某一细部的光线。例如，提高人物服饰某个部位的亮度。

三点布光法是指人物照明的主光、辅助光和轮廓光处理。这三种形式分别承担着不同的造型任务，并互相制约、互相补充，共同形成对人物照明的一个较完整的光线效果。

作为《田埂上的梦》的第一个镜头，强烈的阳光洒在这片稻田上，布上了一层金黄，一种即视的温馨感便占据了观众的心头（图3-29）。这个镜头用最简洁的方式告诉了观众：故事就发生在这里，阳光下的这片稻田里！

图3-29 《田埂上的梦》截图7

（五）全面体味色彩情感

色彩作为一种基本的画面造型手段，在电视节目的构思、拍摄以及编辑等各个环节发挥着重要的作用。色彩和情绪不可分割地连接在一起，人们会在接触色彩时产生一定的情感反应，一旦这种情感反应与典型人物和典型环境相联系，就更能激发人们的特定情感。

红、绿、蓝三原色在人的视觉反应和心理联想上分别诱发了暖调、中间调和冷调的感觉。具体来说，暖调包括红色、橙色、黄色；中间调包括草绿、翠绿；冷调包括青色、蓝色、紫色。在此基础上，不同的色彩有了不同的感情倾向。

红色：例如阳光、火焰、热血等，其感情特征为热情、兴奋、权势、力量、愤怒、色情等。

如图3-30所示，影片《田埂上的梦》中，这是卓君在影片中第一次舞蹈，逆光下的轮廓显得很稚嫩与坚定，背景夕阳的红色给黑色的轮廓带来活力与希望，犹如卓君舞蹈时的心情：享受和幸福，这与后面被讽刺为跳舞的猴子的画面形成了鲜明对比。

图3-30　《田埂上的梦》截图8

图3-32　《田埂上的梦》截图10

绿色：例如春天、树叶、草坪等，其感情特征是生机盎然、恬静、宁谧、生命、和平等。

如图3-31所示，影片《田埂上的梦》中，雾蒙蒙下的大山，土黄色的田埂，绿色与灰黑色的衣装，让整个画面陷入了一种怪异的冷色调中，虽然主人公卓君此时还在舞蹈，但却是像一只跳舞的猴子一样充满了滑稽，不再像在前一分钟里站在红色夕阳里的卓君那般舒服。

黑色：例如夜晚、死亡、煤矿等，表示阴郁、悲哀、诡秘的行动、恐怖、凝重。

白色：例如冰雪、鸽子、护士等，其感情特征是优雅、纯洁、和平、洁净、高尚、脆弱等。

在具体的拍摄中，为了使画面的色调按照创作者的意图表现出来，常采用在镜头前加用滤色镜或用某种颜色的纸作为白平衡调节的参照物进行调节，用以改变画面的色调。在电视摄像中，镜头前加什么颜色的滤色片，画面就偏什么样的颜色。另外，可以利用互补色原理，对准一种颜色的纸进行白平衡细调，得到的画面是纸张颜色的补色。例如，为了表现夕阳的红色，我们会对着青色的纸张进行白平衡调节，最后画面呈现的效果就是夕阳的带有艺术感的红色。

图3-31　《田埂上的梦》截图9

蓝色：例如苍穹、大海、夜色等，其感情特征是冷漠、深刻、抑郁、平静、无限的空间等。

黄色：例如土地、秋天、阳光等，其感情特征是欢快、光辉、成熟、稳重等。

如图3-32所示，影片《田埂上的梦》中，正如台词所说，这里最大的财富就是一望无际的稻田，卓君的自述中对这里的爱，同时也带有些倦。阳光下的暖黄色突然被乌云遮住，画面出现了暗黄的感觉，这个故事的开篇就这样简单地交代，折射出卓君身上所承受的现实——他就生长在这个小山村，只有稻田，梦想似乎遥不可及，甚至可以不被提起。

如图3-33所示，影片《田埂上的梦》中，当梦想被父亲支持，自己又重新开始坚定，画面的色彩也开始变得明朗。依旧是成熟的稻田，但泛着金黄色，连绵不绝的山也变得清晰，一片翠绿，画面色彩开始变得明快而充满生机。犹如卓君的心境，现在正充满着阳光与希望。

图3-33　《田埂上的梦》截图11

色彩之间的互补关系为：黄和蓝，橙和天蓝，红和青，粉和翠绿，品色和绿，紫色和草绿（图3-34）。

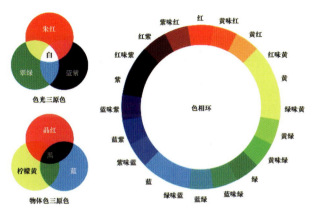

图3-34　色彩参考图示

实训提示：在调整白平衡时，对着黄色调整白平衡，拍摄的画面就偏蓝，同样对着蓝色调整摄像机的白平衡，拍摄的画面就偏黄。同理，互补色可以互相参照调整。许多初学者在使用互补色调出偏色时往往会出现偏色不准确的情况，建议使用标准的调色纸。

为了让画面美感更强，建议将被拍摄对象的色彩和后期调整的色彩都一起考虑进去。比如说，准备让拍摄的画面偏红色调，就应该让演员穿上红色的衣服或者出现红色的物品，这样画面的整体色彩美感就会非常强。

四、场面调度问题与解决技巧

场面调度一词出自法文，其原意是"摆在适当的位置"或"放在场景中"。场面调度用于舞台剧中，有"人在舞台上的位置"之意，指导演依照剧本的情节和剧中人物的性格、情绪，对一个场景内演员的行动路线、站位、姿态手势、上场下场等表演活动所进行的艺术处理。比如，演员是站在舞台中央，还是走到前台边缘，是站着表演，还是坐着表演等，这些舞台表演动作的总和即为戏剧艺术中的场面调度。

（一）确定场面调度的性质

影视艺术中的场面调度是在舞台戏剧基础上的广泛而深入的补充和发展。就电影艺术而言，电影场面调度是指演员的位置、动作、行动路线及摄影机的机位、拍摄角度、拍摄距离和运动方式，包括演员调度和镜头调度两个方面。

电视场面调度包括人物调度和镜头调度两个方面，借助于摄像机镜头所包含的画面范围、摄像机的机位、角度和运动方式等，对画框内所要表现的对象加以调度和拍摄。比如，当我们拍摄一条生产新闻时，虽然不能像拍电影那样随意导演，但也可以提前规划。电视场面调度克服了舞台调度视点固定、视距不变的局限，面向的是广阔的现实生活。电视场面调度丰富了人物调度的内容，增加了镜头调度，与舞台调度的观赏性相比，电视场面调度有很大程度的强制性。

要了解场面调度的规律，首先要了解轴线规律。所谓轴线，是指被摄对象的视线方向、运动方向和不同对象之间的关系所形成的一条虚拟的直线。

（二）场面调度主要依据：轴线规律

关系轴线：无论是远景还是中景，注意拍摄人物处于画面的上下左右关系。要实现方位一致的拍摄效果就不能越过关系轴线。在画面中，人物之间形成了一条关系轴线，在拍摄过程中一般不越过这条线，以免产生越轴的情况。

运动轴线：如果行进的人物一致在朝着右方走，在人物行进的方向上形成了一条线，这条线被称为运动轴线。当在运动轴线一侧进行拍摄时，所有的方位都是一致的，如果到另一侧拍摄，人物就会向完全相反的方向行进，给人以南辕北辙的感觉。

视线轴线：在人们观看事物的时候，人们的观看方向形成了一条视线轴线，视线轴线的规律和关系轴线、运动轴线是一样的，在180°之内进行拍摄才能保证视线方向的统一。视线轴线还有一个重要的作用，就是用作转场，当人物朝远方观看时，我们可以自由组接其他人和事物的镜头，从而成功地实现转场。

当我们拍摄两个人的交流场景时，在他们之间有一条无形的关系轴线，也叫作关系线。在关系线的一侧可以选择三个顶端位置，这三个顶端构成了一个底边与关系线相平行的三角形。这就是我们设置摄像机机位的参考位置。

轴线规律是我们在拍摄过程中必须始终牢记的规律，因为轴线规律牵扯到演员的调度、摄像机的拍摄位置、镜头的组接等方面，在电视摄像中，轴线规律起着承接前期分镜头设计、中期拍摄和后期编辑的作用。这就要求我们必须严格按照轴线规律拍摄，否则会造成拍摄和编辑的混乱。我们在拍摄前设计分镜头时，最好能够详细地考虑轴线规律。在实际拍摄中，分镜头的设计在拍摄过程中会遇到各种问题，设计好的分镜头难免出现改动，在出现拍摄改动时，建议在设计方案旁边注明，从而保证轴线规律在整个拍摄过程中清晰统一。如果担心可能出现错误，最好多拍些特写镜头，以便实现后期的顺利组接。

五、构图美感问题与解决技巧

（一）利用线条美化构图

线条是指画面形象所表现出的明暗分界线和形象之间的连接线。根据线条所在位置的不同，可将其分为外部线条和内部线条。根据形式的不同，可将线条分为直线、曲线两大类。电视画面构图中的线条还可有实、虚之分。

虚线条是指画面形象中并不实有的线条，是靠观众的想象和联想来"补足"和完成的，线条是构图的"主心骨"。

根据画面构图形式的内在性质的不同，可将其分为静态构图、动态构图、单构图、多构图、肖像构图、风景构图等。根据画面构图形式的外在线形结构的区别，可以将其分为水平线构图、垂直线构图、斜线构图、曲线构图、黄金分割式构图、九宫格式构图、圆形构图、对称构图、非对称构图等。

静态构图：是指画面造型元素及结构均无明显变化的构图形式。动态构图：是指造型元素及画面结构发生变化的画面构图形式。单构图：一个镜头中只表现一种构图组合形式，其间不发生结构变化的构图形式即为单构图。多构图：画面的结构关系及构图样式连续地或间断地发生变化，出现构图组合的构图形式为多构图。

水平线构图：水平线构图的主导线形是向画面的左右方向（水平线）发展的，适宜表现宏阔、宽敞的横长形大场面景物。

如图3-35所示，影片《田埂上的梦》中，一望无际的稻田以一条田间小路将画面左右对称分开，前景中一头牛被牵着走过，又将画面上下对称分开，画面的安定感增强，这个小山村的安逸从视觉中传达到了观众心中，但其渗透出来的贫穷与落后的压抑感也分外强烈。

图3-35 《田埂上的梦》截图12

垂直线构图：垂直线构图的景物多是向画面的上下方向发展的，采用这种构图的目的往往是强调被摄对象的高度和纵向气势。

斜线构图：斜线在画面中出现，一方面能够产生运动感和指向性，容易引导观众的视线随着线条的指向去观察；另一方面，斜线能够给人以三维空间的第三维度的印象感。

如图3-36所示，影片《田埂上的梦》中，一条田间小路将主人公与村民划分在左右画面中，一老一少的两个陪体更加表现出了主体的落寞，毫无保留地流露出了一种窒息感，主人公此时的心境也会让观众深处其中，有一种不忍直视的难过。

图3-36 《田埂上的梦》截图13

曲线构图：曲线不仅给观众的视觉以一种韵律感、流动感，还能够有效地表现被摄对象的空间和深度。

九宫格式构图：九宫格式构图又称为井字形构图，即把画面的四条边缘三等分，再将相对的各点两两相连，这时画面上就会出现这种构图形式。

如图3-37所示，影片《田埂上的梦》中，这头牛似乎在开始就出现了，但在这幅画面中与舞蹈中的主人公形成完美的组合，黄金比例的构图让画面更显得和谐，画面充满了美感，而老牛在最初出场带来的压抑感也消失不见，反而增强了一种温馨感，让观众会心一笑。

图3-37 《田埂上的梦》截图14

各种构图方式的依据就是拍摄者对于线条的把握，这就要求拍摄者仔细观察拍摄对象，找出其中最美的线条构成，然后用摄像机把这种线条的美呈现出来。在寻找最美线条的过程中，总的原则是线条越有动感越好，线条越简练越好。拍摄者要在纷乱的各种现实生活中提取具有美感的线条，需要拍摄者多注意观察线条在生活和艺术作品中的使用。

（二）设置影调美化构图

画面的构图形式的元素包括光线、色彩、影调和线条。从画面明暗分布的倾向划分，有亮调、暗调、中间调。

亮调：又叫作高调、明调、淡调子、轻调子等。画面的明暗比例是明多暗少，以明为主，给人以明快、纯洁的感觉。暗调：又叫作低调、深调、重调等。画面暗多明少，以暗为主，给人以凝重、肃穆之感。中间调：画面明暗均衡、层次丰富，从最亮的影调到最暗的影调之间有大量的次亮、次暗等过渡层次，犹如一个阶梯一样。

从画面明暗对比（反差）的倾向上划分，有硬调、软调和中间调。硬调：画面中明暗差别显著、对比强烈，景物的亮暗层次少、缺乏过渡，给人以粗犷、硬朗的感觉。软调：又叫作柔和调、柔调。软调的对比弱、反差小，给人以柔和、含蓄、细腻之感。中间调：又叫作标准调，从画面的明暗对比来看，中间调明暗兼备、层次丰富、对比均衡。

主体的影调不能同背景的影调混为一体，两者要有区别。在高调和低调的画面中，要注意处理好它们的对立影调。让主体从大面积的对立影调中凸现出来，如果主体不能从影调或色调中分离出来，与背景颜色是邻色关系或在影调方面比较接近，观众视觉感受则平柔和缓，甚至平淡，不易引起视觉冲动。

（三）调整结构美化构图

如何用二维表现三维的东西？我们可以将电视画面的结构"分解"为这样的几种要素：主体、陪体、前景、后景、背景、环境等。

主体即电视画面中所要表现的主要对象。表现主体的方法有直接表现法和间接表现法。直接表现法即运用一切可能因素，在画面中给主体以最大的面积、最佳的照明、最醒目的位置，将主体以引人注目、一目了然的结构形式直接突出呈现在观众面前。间接表现法是指间接突出主体，一般以远景表现主体，主体在画面中的面积并不大，侧重于通过环境的烘托和气氛的渲染来间接地映衬和强调主体。

陪体是指与画面主体有紧密联系，在画面中与主体构成特定或辅助主体表现主题思想的对象。陪体是相对于主体而言的，它也是画面的有机成分和构图的重要对象，陪体在画面的出现，目的是要陪衬、烘托、突出、解释、说明主体。陪体在画面中能够起到以下一些作用：对主体起到补充说明的作用，帮助主体说明画面内涵，比如新闻事件现场的地域标记、季节特征等，可以帮助主体使得报道内容表现得更加完整和真实；陪体可以渲染、烘托画面的主体形象，发挥其"陪衬"的作用，使主体的表现更为鲜明充分，比如通过光影色彩手段来渲染主体所处环境的氛围。

陪体对构图的均衡和画面的美化起到重要作用。主体和陪体的出现顺序有两种情况：一是主体先于陪体出现；二是陪体先于主体出现。

如图3-38所示，影片《田埂上的梦》中，尽管陪体人物都在劳作状态中，但处于静态下观看着卓君沉醉在自己世界中的舞蹈，动静强烈的对比让卓君的沉醉显得有些滑稽，增强了画面的幽默感，这看起来让人感觉比较讽刺，如此强烈的对比虽然会让观众为之一笑，但笑过后心里会有一些唏嘘。

图3-38　《田埂上的梦》截图15

后景的影调、色调应与主体形成一定的对比，应尽量避免主体与后景的影调、色调相近或雷同。后景应坚持减法原则，要利用各种技术手段和艺术手段简化背景，力求后景的线形简洁、明快，以尽可能简洁的背景衬托主体。后景的清晰度和趣味性不应超过画面主体，如果后景的色明度、趣味性、线形结构等影响和干扰了主体形象的线形结构而又难以避开，就应该利用景深手段使其虚化模糊不清或残缺不全，以削弱其在观众眼中的视觉形象，将观众的注意力引导到主体上来。

如图3-39所示，影片《田埂上的梦》中，这一画面将周围的环境放大，而主人公在粗壮茂盛的大树身边显得格外渺小，通过暖色的阳光，并没有使画面显得失衡而没有美感，反而增强了一种图画式的美感。这种表现风格的纪实画面更加突出体现了梦想可贵而贵在坚持的意念。

图3-39　《田埂上的梦》截图16

实训提示：在主体、陪体、前景和后景的关系中，我们首先要确定整个拍摄画面的主题是什么，然后选择相关的陪体、前景和后景。一定要注意陪体、前景和后景对主体的衬托作用。在此基础上再考虑选择最美的构图方式进行拍摄。比如说，在拍摄国庆期间的天安门时，我们选择鲜花做前景。而在讲述人民民主内容时，我们拍摄天安门，就会以华表为前景。如果实在找不到与主题相关的前景和背景，建议使用空白的前景和背景，这样可以使主体更加突出，同时还可以给人以无限的联想和想象的空间。

实训项目3.2：如何运用轴线规律拍摄商品广告

1.学习目标

素质目标：培养学生运用马克思主义唯物史观和辩证法思考问题，讲好中国故事。

能力目标：培养学生拍摄中国商品故事的技巧和能力。

知识目标：掌握影视广告轴线规律拍摄的相关知识。

2.项目描述

学生根据撰写好的分镜头，用3台摄像机同

时进行商品广告的拍摄。

3.任务实施

第一步，选择自己要推广的商品。第二步，寻找商品的优点。第三步，撰写商品的故事梗概。第四步，设计商品故事的分镜头脚本，第五步，根据分镜头脚本，用3台摄像机完成商品广告的拍摄任务。

4.项目测验

对照分镜头脚本，检查拍摄完成的商品视频是否保持轴线一致、空间一致。

5.反思总结

在实际的商品广告拍摄中，什么情况下可以越轴？用300字左右阐释你的观点。

第四章
影视广告剪辑

※ 第一节 蒙太奇与剪辑

影视广告作品一个必不可少的制作过程，就是后期剪辑。剪辑是一种句式，是一种艺术表达方式，通过精良的剪辑往往可以超越预期效果。同其他影视艺术一样，影视广告剪辑重视的就是时间、空间、节奏、视觉和听觉关系以及蒙太奇，这也是影视广告剪辑艺术的主要内容。只有了解剪辑原理和基本规律，才能处理好各个元素之间的关系。

一、蒙太奇基本原理

知识拓展：希区柯克与蒙太奇

1. 蒙太奇

蒙太奇，来自法语，原为建筑学术语，意为构成、装配，被延伸到电影艺术中，有组接、构成的意思。影视中的蒙太奇是指运用艺术手段和技巧，将镜头、场面、段落按照一定关系进行重新组合，从而产生一定意义，这种构成影片的方法就是蒙太奇。

在剪辑台上，把镜头掐头去尾组接起来，并不是剪辑的真正含义，组接镜头只是剪辑的技术层面，而非它的根本特征，剪辑的真正含义则是同镜头的内涵，同摄影机的运动、镜头内的场面调度、景别、角度以及影片的内部外部节奏等元素紧密相连的。剪辑的一切元素是为发挥拓展影片内涵服务的。所以，蒙太奇是影视艺术思维的基本形式，是影视作品结构和组织的基本手段，也是影视广告剪辑的基本技巧和方法。

2. 蒙太奇的分类及其运用

根据蒙太奇的功能和作用，蒙太奇在美学领域中被划分为叙事蒙太奇和表现蒙太奇。

（1）叙事蒙太奇。叙事蒙太奇，可以理解为连续的蒙太奇，其是蒙太奇最基本、最简单、最直接的表现形式，通常按情节发展的时间顺序、一定的逻辑顺序、因果关系来组接镜头，表现动作的连贯，推动情节的发展，引导观众理解剧情。叙事蒙太奇包括连续蒙太奇、平行蒙太奇、交叉蒙太奇、重复蒙太奇等。

电影《海上钢琴师》中有一个经典的斗琴段落：这是一个精彩的重复、积累的蒙太奇段落。段落中有对比，甚至采取违反常规的镜头组接，把超常规的东西聚在一起，由积累产生力量。这个效果是逐渐加强的，后一个图像都从前面那个图像中获得力量，并把力量传给下一个图像，一步步把情绪推向最高峰（图4-1～图4-20）。

图4-1 《海上钢琴师》截图1

图4-2 《海上钢琴师》截图2

图4-3 《海上钢琴师》截图3

图4-4 《海上钢琴师》截图4

图4-5 《海上钢琴师》截图5

图4-6 《海上钢琴师》截图6

图4-7 《海上钢琴师》截图7

图4-8 《海上钢琴师》截图8

图4-9 《海上钢琴师》截图9

图4-10 《海上钢琴师》截图10

图4-11 《海上钢琴师》截图11

图4-12 《海上钢琴师》截图12

图4-13 《海上钢琴师》截图13

图4-14 《海上钢琴师》截图14

图4-15 《海上钢琴师》截图15

图4-16 《海上钢琴师》截图16

图4-17 《海上钢琴师》截图17

图4-18 《海上钢琴师》截图18

图4-19 《海上钢琴师》截图19

图4-20 《海上钢琴师》截图20

（2）表现蒙太奇。叙事的剪辑强调的是事件发展的连续性和动作的连贯性，表现蒙太奇更多是加强艺术表现力和情绪感染力的一种蒙太奇类型。表现蒙太奇强调的是通过镜头队列传达出的在形式和内容上相互对照、冲击，产生单镜头本身所不具有的或更为丰富的含义，以表达某种情感、情绪、心理或更深刻的意义。其常见剪辑方式包括对比蒙太奇、隐喻蒙太奇、象征蒙太奇、心理蒙太奇、杂耍蒙太奇等。

二、蒙太奇剪辑的原则

无论怎样讲述故事，蒙太奇剪辑都要遵循某些依据来完成，而这些依据是包括影视广告等所有影视艺术都可以通用的基本的准则，主要依靠时空关系和声画关系来实现蒙太奇。

1. 时空关系

在影视广告剪辑中，在我们选择和排列镜头的时候，会遇到两个基本的问题，一是镜头的时间关系，二是镜头的空间关系。

（1）时间关系。在剪辑中，需要考虑镜头的先后次序，这就涉及镜头排列的顺序问题，另外，我们还可以通过镜头的组接来改变时间的进程。因为影视作品的时间不同于现实时间，它可以压缩、可以延长，也可以让时间停滞不前。处理与控制时间无疑是影视广告编辑的首要任务，一部影视广告通常篇幅较小，怎样在短时间内编织故事，介绍人物或事件，就需要很好地处理、控制时间。在影视广告作品中，时间一般表现为三种基本形式。

第一，实时的时间形式。这是一种节目时间与事件时间相同的影视时间表达方式。在这种实时片段中，镜头之间的切换是按照时间顺序依次排列的，镜头与镜头之间没有时间上扩大、缩小等人为的组合重述。

第二，压缩的时间形式。这是影视作品特别是影视广告中最常使用的一种时间处理方式，时间的省略和压缩是叙事的需要。影视广告要在有限的时间里展现故事中可能超过屏幕时间几倍、几十倍甚至上百倍的时间。像影视广告《田埂上的梦》用大约6分半的时间，述说主人公卓君从开始学习跳舞过程中遭遇旁人的诋毁嘲笑，在生活中一遍遍重复练习，不断努力，到最终以超凡的舞技赢得大家认可的励志故事。在多个场景中通过很巧妙地利用在相同空间（生活的小山村）的不同时间中（主人公服饰的四季变化，以及光线的变化），用相同相似动作（舞蹈动作）来简洁地表现漫长的练习努力的过程（图4-21～图4-25）。只看这一组镜头观众无法判断每次剪辑到底省略了多少时间，但是通过画面能感觉到这个努力实现梦想的过程不容易，这就够了。

图4-21 《田埂上的梦》截图1

图4-22 《田埂上的梦》截图2

图4-23 《田埂上的梦》截图3

图4-24 《田埂上的梦》截图4

图4-25 《田埂上的梦》截图5

第三，延伸的时间形式。这是指影片中展现出来的时间长于事件时间，但是，由于影视广告对时长的特殊要求，一般这样的情况不多见，不过也不否认为了特殊目的或艺术表现力也会用延长时间来达到所需效果。影视广告中延长时间的方法包括以下几种：

1) 在事件中穿插反映细节的特写镜头。
2) 运用重叠剪辑延长关键动作。
3) 重复剪辑放大精彩瞬间。
4) 平行蒙太奇的使用是延时中常见的手法之一。
5) 运动摄影中的升格拍摄和剪辑方法中的慢镜头对关键动作做时空的延长放大。

（2）空间关系。"影像空间"是指通过镜头呈现给观众的现实场景，时间与空间是不可分离的影像元素，以上说的几种时间关系中，所有的时间都是附着在空间上，不能脱离空间而存在。剪辑对空间的处理也可以概括为以下几种情况：

第一，再现的空间。通过摄影机的多种运动形式不断变换视点展现完整空间，这种方式一般通过局部空间的组合表现空间的全貌。一般会选择不同景别、不同角度的表现相同空间的镜头组接起来。

第二，压缩与延长。正因为影视时间可以压缩、延长，因此和时间结合在一起的空间也就可以通过剪辑缩小或扩大。比如在一些长镜头中，长镜头提供的是一个连续完整的空间，通过分切、重新组合，可以把中间的空间省略，达到压缩空间的目的；或者在一组空间展现过程中，插入一些其他空间的镜头，插入的镜头要能和原来的叙事空间建立某种联系。

（3）时空关系。

1) 时空统一：比如叙事结构，叙事蒙太奇是影视制作中最常用的结构形式，这种结构形式采用时间、空间、逻辑顺序式处理，叙事结构中，时间顺序以时间为线索，条理清晰，以空间为线索的作品大多是自然风光的主题。

2) 时空关联：比如交叉蒙太奇，围绕一条主要线索，通过不同侧面的交替出现，完成对主题的表达。

3) 时空交错：比如平行结构，以不同时空发生的两条或两条以上的情节线并列表现，分头叙述而统一在一个完整的整体中；又比如对比结构，把两种或多种对立又相互联系的内容组接在一起，产生一种强烈的冲突，造成视觉冲击力，跳动情绪，各元素通过对比，更加突出了自己的特点和意义。

2. 声画关系

声音和画面的组合方式主要有声画统一、声画平行、声画对立。

声画统一：画面与声音内容一致，画面表现到什么地方，声音就停留到什么地方，声画是一个相辅相成的复合观赏体，一般情况是声音从属于画面，比如用对话补充人物的活动内容，音乐节奏和听觉节奏相符，自然音响和环境协调，声画是一个整体。观众在看其画时，又闻其声，以增强画面真实感，提高视觉形象的感染力。

声画平行：声音与画面保持着内在联系，但不一定一一对应。如影视作品中的回忆片段，一个人回忆一生成长的经历：幼儿时的欢笑，长大后的挫折，中年的辛酸，老年子孙满堂的欣慰。回忆画面节奏很快，有的不到5秒，音乐不可能跟着画面内容变换进行，也没有必要，这时的音乐可以不拘泥于画面的表面气氛，而是着力刻画这个主人公的内心世界，采用一个完整的音乐就好，音乐虽然游离了画面，但却创造了更完整的形象，给观众更深刻的体验。

声画对立：声音与画面在节奏、内容、情绪等方面，形成一种相反的关系，造成对比，在对比中包含着潜台词，观众通过潜台词得到启迪，从而产生强烈的艺术效果。在吴宇森的电影《变脸》中有这样一个场景：在一片枪声四起、木屑横飞的枪战中，尼古拉斯为小男孩亚当戴上了耳机，随后影片中开始响起《绿野仙踪》的主题曲《Over The Rainbow》，音乐舒缓、悠扬，小男孩亚当开始进入了自己的世界，忘掉了战争的惊恐与死亡。这样的声画关系，减少了流血的镜头，强化了战争的血腥与孩子纯真的反差，以舒缓的音乐来弥补死亡的血腥。

实训项目4.1：如何利用连续蒙太奇剪辑商品广告

1.学习目标

素质目标：培养学生运用马克思主义唯物史观和辩证法思考问题，讲好中国故事。

能力目标：培养学生剪辑中国商品故事的技巧和能力。

知识目标：掌握影视广告剪辑的相关知识。

2.项目描述

学生根据撰写好的分镜头，利用拍摄好的视频素材，进行连续蒙太奇的剪辑。

3.任务实施

第一步，选择自己要推广的商品。第二步，寻找商品的优点。第三步，撰写商品的故事梗概。第四步，设计商品故事的分镜头脚本。第五步，根据分镜头脚本，用3台摄像机完成商品广告的拍摄任务。第六步，进行连续蒙太奇的剪辑。

4.项目测验

对照分镜头脚本，检查剪辑完成的商品视频是否保持叙事的连续性。

5.反思总结

在实际的商品广告剪辑中，如何实现时间省略？用300字左右阐释你的观点。

第二节 剪辑规律与剪辑技巧

一、影视广告剪辑规律与方法

影视广告镜头组接原理的依据是人们在日常生活中对事物的认识习惯。人们在日常对周围事物的观察中，总是不自觉地变换视点，通过不同视点的观察和听觉来留下事物的综合印象。因此，根据人们的这种生理习惯，便产生了不同景别、角度、运动情况的镜头，不同种类的声音。要将这些相对独立的要素有机地组合起来，形成系统、完美的影视广告片段，就要遵循一定的规律。

1. 符合观众的生活经验和心理规律

观众在解读每一个镜头时，都会结合自己的生活经验去理解画面内容。所以，镜头的衔接首先要符合观众的生活经验，这是使观众读懂作品的基础。观看影视广告作品不仅是视听体验的过程，更是心理体验的过程。人们习惯于在事物间建立某些联系，比如因果关系、对应关系、冲突关系、平行关系等。这种思维方式同样体现在对镜头的解读中。前后两个镜头不同的景别、角度、画面内容都会引起观众思维变化，缔造出前后镜头间的联系，这种变化可以依照心理活动规律，比如一个人看到手机屏幕后，表情突然发生变化，观众就会想看清在手机屏幕上的讯息，所以说，不仅要满足观众的视觉享受，还要引导其心理活动。

影片《宵禁》中，上一个镜头是男主人公点烟突然抬眼往上看，下一个镜头接坐在凳子上的老妇人（图4-26、图4-27），符合镜头组接的视线统一的原则。

图4-26 《宵禁》截图1

图4-27 《宵禁》截图2

2. 镜头组接要遵循镜头调度的轴线规律

一部影视广告作品是由许多不同景别、不同方向的镜头组成的，为了使观众在观看时形成统一、完整的空间概念，在拍摄、编辑时必须合理安排画面的方向性，遵循场面调度的轴线规律，保证上下镜头中的方向感——运动方向、视线方向要一致。不遵守轴线规律的镜头组接就是越轴剪辑，也就是在镜头转换时跨越到轴线的另一侧，从而改变镜头所在的空间关系，在一些电影作品中，越轴可以作为一种艺术技巧，产生画面突变的视觉冲击。但在一般情况下，越轴还是要尽量避免的，因为会使人对动作位置时空的描述产生混乱。如图4-28所示，在人物的左侧进行拍摄，人物是在向画面左方前进，而另一个机位拍摄的画面人物向右方前进，两者剪辑在一起，会使观众无法判断人物的前进方向。

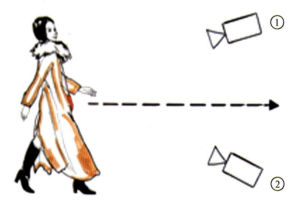

图4-28　运动轴线示意图

在两个越轴镜头之间穿插一个校正镜头，既能防止视觉跳动，又能将运动轴线自然地转过来，可以很好地解决越轴问题：插入一个主体在画面内改变面部朝向的镜头，比如转身、回头的镜头；插入一个轴线上的镜头，减弱跳轴运动的冲突感；插入人物的特写镜头，引人注目，分散观众对跳轴镜头的注意，减弱跳轴运动的冲突感；插入空镜头，长于抒情的空镜头没有主体，可以削弱观众对故事情节的关注，在注意力上"打掩护"；插入环绕主体的移镜头，直接在两个越轴镜头中间接移镜头，比如如何从轴那边越到这一边的移镜头。

3．景别的过渡要自然、合理

在一个叙事段落中，景别的变化要以观众视觉变化规律为依据，人们在生活中不是将视点固定在一个点上不动，而是根据视觉感受和心理变化规律，在全景、中景、近景、特写之间转换，这就要求在表现同一拍摄对象的两个相邻镜头的组接时要符合这一规律，要使画面的视觉特效看起来合理、顺畅、不跳动。景别的变化要采用循序渐进、交替组接的方法。循序渐进地变换不同视觉距离的镜头，可以造成顺畅的连接。

4．镜头组接要遵循"动接动，静接静，动静相接要过渡"的规律

镜头组接的一个基本原则是"动接动、静接静"，镜头剪辑点也是以这一原则为基础的。就具体的后期编辑而言，我们有必要从屏幕运动元素的角度对"动"与"静"进一步分析，所谓静是指画面中主体相对静止在屏幕的某一位置；动则是主体在屏幕上的位置随时间变化而发生变化，当然，这种变化可能是由镜头引起的，也可能是固定镜头本身内部由于主体本身的运动引起的。

因此，镜头的动静组接有多种方式，见表4-1。

表4-1　动静组接方式

镜头1	镜头2		固定镜头		运动镜头	
			主体静止	主体运动	主体静止	主体运动
			静	动	动	动
固定镜头	主体静止	静	√	(2)	(4)	(6)
	主体运动	动	(1)	√	√	√
运动镜头	主体静止	动	(3)	√	√	√
	主体运动	动	(5)	√	√	√

打钩的地方是与"动接动、静接静"严格吻合的，比较容易理解。镜头运动方向一致的前后两个镜头相接，编辑点宜采用动接动的方式组接，从而产生一气呵成的效果。镜头运动方向相反的前后两个镜头相接，编辑点宜采用静接静的方式组接，镜头组接要有起幅、落幅，才不会产生视觉跳动。

有数字标记的这几种情况要相对灵活地运用"动接动、静接静"的原则。看起来是动接静、静接动，其实归根结底，还是动接动、静接静。

方式（1）：主体运动与主体静止的固定镜头相接，编辑点可以选择前一镜头主体运动瞬间停止的地方，或某一个动作全部完成之后。

方式（2）：主体静止与主体运动的固定镜头相接，编辑点可以选择后一镜头主体运动即将开始的瞬间组接。

方式（3）：主体静止的运动镜头接主体静止的固

定镜头，编辑点可以选择在前一镜头的落幅上，与后一镜头组接。

方式（4）：主体静止的固定镜头接主体静止的运动镜头，编辑点可以选择在后一镜头的起幅上，与后一镜头组接。

方式（5）和方式（6）：主体运动的运动镜头接主体静止的固定镜头，主体静止的固定镜头接主体运动的运动镜头，这样的镜头组接可以利用前后镜头的画面内主体的呼应关系表现镜头的内在联系，还可以利用主体运动的动势将运动协调起来。

剪辑理论不是绝对的，但却是用得最多、最常规，也是最不容易出毛病的。

5. 色调、影调的匹配

镜头组接的影调色彩要统一、匹配。当画面的色彩配置以某种颜色为主导时，画面就呈现出一定的色彩倾向，形成色调。利用色调可以表现情绪、创造意境。影调是画面中由颜色的深浅和色彩的配置而形成的一种明暗的反差。影调是画面构图的主要手段，也是创造气氛、形成风格的手段之一。保持上下镜头色彩和影调匹配是镜头连贯的基本条件，相邻镜头画面调子要统一。当用一组镜头表现同一场景中的连续事件时，镜头组接点附近的画面一般不能出现影调和色调的强烈反差。如果把明暗或者色彩对比强烈的两个镜头组接在一起（除了特殊的需要外），就会使人感到生硬和不连贯，产生跳动感，影响内容通畅表达。电影《罗拉快跑》的导演打破了传统叙事结构、叙事角度以及时空限制，对同一事件讲述了三种不同的故事情节，罗拉被警察枪击倒地，镜头推到罗拉很有特点的红色头发，画面色彩慢慢变为红黄色，镜头推到眼部特写，陷入了罗拉的回忆，画面借机转入以红黄色为基调的罗拉与男朋友曼尼的回忆段落（图4-29、图4-30）。

图4-29 《罗拉快跑》截图1

图4-30 《罗拉快跑》截图2

6. 镜头组接的时间长度以"看清楚"为基准

影视广告剪辑中，每个镜头的停滞时间长短，以观众"看清楚"为标准。因此，镜头信息量大，需要的时间则长，镜头信息量小，需要的时间则短，镜头信息量大小的判断标准：景别越大信息量越大，如远景、全景比近景、特写的信息量大；运动镜头比固定镜头信息量大；镜头内部演员调度多或动作多，则信息量大。

7. 镜头组接的节奏

节奏是镜头组接产生的律动性的剪辑，通过镜头组接体现出的节奏感，是表现情绪、情感、气氛的关键手段。影视广告剧本的题材、样式、风格以及情节的环境气氛、人物的情绪、情节的起伏跌宕等是影视广告作品节奏的总依据。任何一部影视广告都有外部节奏和内部节奏，剪辑节奏的总原则就是将外部节奏和内部节奏统一。如果在一个宁静祥和的环境里用了快节奏的镜头转换，就会使得观众觉得突兀跳跃，心理难以接受。然而在一些节奏强烈、激荡人心的场面中，就应该考虑到种种冲击因素，使镜头的变化速率与观众的心理要求一致，以增强观众的激动情绪，达到吸引和入戏乃至移情的目的。

二、影视广告剪辑技巧

剪辑技巧可以使影视广告的镜头组接变得流畅，实现镜头的转换，甚至可以使影片产生意想不到的效果。剪辑点，是剪辑时由上一个镜头切换到下一个镜头的交换点，是剪辑中经常出现的一个词语，什么情况下应该进行镜头的切换，对影片的剪辑效果起着重要的作用。在选择好的镜头上准确地设置剪辑点，是实现剪辑的基本方法之一。一般来说，影视广告的剪辑主要包括画面剪辑和声音剪辑。

（一）画面剪辑

画面剪辑包括动作剪辑、情绪剪辑和节奏剪辑。

1. 动作剪辑

动作剪辑是指以人物的形体动作、镜头运动和景物活动等为对象的剪辑，是剪辑中最为关键的部分。动作剪辑的基本要点就是"动接动"和"静接静"。具体组接形式在前文有具体说明，这里不再赘述。

在剪辑中经常会遇到用不同景别来表现同一个动作的情况，这样会使镜头丰富，取得较好的观赏效果。剪辑中最常遇到的动作包括起坐、开关门窗、跑步、握手、脱帽等，看似很流畅的动作在逐帧观看时会发现有几帧画面是相对静止的，动作剪辑点的规律就是抓住主体动作的瞬间停顿处或者动作转折处，一般情况下，将静止的帧留在上一个镜头中，下一个镜头从开始动的那一帧画面开始用，这样就可以得到组接流畅的画面。这种方法既可以使画面流畅，又可以防止镜头呆板，在影视剧中常见。

2. 情绪剪辑

情绪剪辑是指以人物的情绪为基础，选择适当的剪辑点，将其喜、怒、哀、乐、恐、思等外在表情的表达过程完整表现。

影视广告的情绪剪辑可以通过多种方式和手段得以强化表现。

（1）画面组接与情绪剪辑。首先，通过细节动作插入展现。表现在在关键位置中插入小景别镜头，小景别特别是特写，是情绪表达最为直接和直白的方式。其次，通过镜头组接强化情绪表现。比如，一组短镜头快速组接到一起，可以强调快乐、严阵以待、焦虑的情绪，或者一组长镜头组接到一起，可以强调缓慢、宁静、冗长等情绪。

（2）色彩影调与情绪剪辑。不同的色彩和影调表达不同的情绪。不同的色彩和影调的画面剪辑能够为影片的情绪表达奠定基调。色彩的整体使用一定要协调、匹配，色彩的形式和表达与情绪之间的视觉节奏必须要有机统一。

（3）音乐音响与情绪剪辑。音乐音响是强化情绪剪辑的重要元素。音乐音响与画面配合对于情绪的表达有不同意义。

其一，音乐音响与画面所表达的内容在情绪上是一致的；其二，音乐音响与画面所表达的内容在情绪上形成两个平行线条；其三，音乐音响与画面所表达的内容在情绪上相反或者对立。

（4）文字图片与情绪剪辑。文字与图片的使用是情绪剪辑的一个重要补充手段。具体方式如下：

其一，运用文字奠定情绪剪辑基调。影视广告《田埂上的梦》中，文字的使用，不仅形象表达了主人公的结果，也为影片奠定了主题和情绪基调，对于情绪剪辑起到了统领作用（图4-31）。

图4-31 《田埂上的梦》字幕截图

其二，运用文字省略画面，推进叙事。

其三，字幕还有留下空白、升华情感的作用。

情绪剪辑点的选择注重对人物情绪的渲染、夸张，制造气氛。在镜头长度的取舍上余地很大，不受画面内人物外部动作的局限，以刻画人物内心活动、渲染情绪、营造气氛为主，尤其当画面内部主体动作停止的时候，画面并不一定要立即切换，应当适当留有空白，让观众慢慢体会、感受、抒发这种情绪，当情绪完成后再进行剪接处理，否则容易造成情绪的中断和跳跃。

3. 节奏剪辑

影视广告中的节奏可以表现出平缓、跳跃、流畅、停顿、紧张、松弛等多种类型。不同的视听元素组接都会产生节奏，好的节奏剪辑应当做到外部节奏与内部节奏相统一。节奏剪辑点是指没有对白的镜头画面的连接点，它以影片情节内容和情节的节奏线为基础，以人物关系和规定情境中的中心任务为依据，以语言动作、情节的节奏及画面造型为特征，用比较的方式处理镜头剪辑的长度。

节奏剪辑点的剪辑要求是：画面的节奏必须与旁白、内心独白、解说词的节奏、内容紧密结合，做到声画的有机匹配，这就是选择节奏剪辑点的基本规律。

（二）声音剪辑

影视广告作品的声音元素可分为语言、音乐和音响三个方面的内容。在影视广告或者说所有的影视艺术中，声音剪辑也是为影片内容表达服务的。

1. 语言剪辑

语言是故事性影视广告作品重要的组成部分，在影视广告中，语言更多的表现为对话，对话处理的好坏直接影响到人物性格的表现、情节的推动、作品的节奏感，最终影响到作品的可看性。

有对话的段落，其剪辑任务包括两大块内容：一是对话时场景的分切；二是对话的剪辑。

（1）对话时场景的分切。对话段落场景的分切受对话人数的多少、主体以及镜头有没有运动等因素的影响。一般原则如下：

1）对话的人数不多，动作不强的对话场景，相对会显得比较沉闷，镜头的分切适宜多、短。多而短的镜头的分切能产生比较多的视觉变化，吸引观众的注意力。

2）对话人物多，动作性较强的对话场景，提供给观众的视觉信息、视觉变化已经足够多了，镜头的分切应少，不需要太频繁，镜头应长短结合，否则会让观众产生很混乱的感觉。

3）对白多、人物多的场景，信息量已经足够多，内在节奏也比较高，因此场面调度要灵活，人物调度和镜头调度要紧密结合，可采用运动镜头，镜头的分切适宜拉长。

（2）对话的剪辑点。对话剪辑就是依据人物的语言动作，对其对话内容进行的剪辑。剪辑点以语言内容为依据，结合语言的起始、语调、语速来确定剪辑点，语言的剪辑点大多选择在完全无声处，在语言剪辑点的选择中，声音与画面的配合主要有以下两种情况：

1）声音与画面同时出现，同时切换。声音与画面的配合有以下几种常见形式：

① 对话一方的声音和对应的画面一结束立即切出，立即切入对话的另一方的声音和画面。在影视广告《宵禁》中，男主人公与小女孩的对话，哪一方说话，镜头就切入谁的画面，这是在正常叙事的节奏中常用的对话剪辑手法（图4-32）。

图4-32 《宵禁》

②对话一方的声音与画面一结束，立即切出，而下一个镜头的声音与画面留有一定时空，这种情况一般多用于插入对话中另一个人的反应镜头（图4-33）。

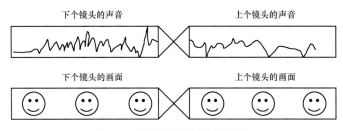

图4-33　声音画面组合示意图1

③对话一方的声音与画面在结束时与下一个镜头（另一方的对话）切入时都留有一定的时空（图4-34）。

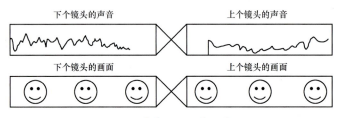

图4-34　声音画面组合示意图2

2）声音与画面不同时切换，交错切出。声音与画面的配合有以下几种常见形式：

①上一个镜头画面切出，声音延续到下一个镜头；

②上一个镜头的声音先切出，下一个镜头的声音提上前一个镜头，上一个画面的表情动作仍在继续（图4-35）。这种方式的组接生动、活泼、明快、流畅、不呆板。

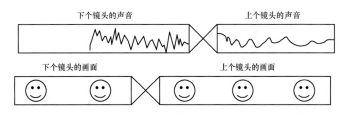

图4-35　声音画面组合示意图3

这种方式的组接一定要根据具体的情节内容、场面气氛、人物情绪、对话节奏的要求进行有针对性的设计，尤其要找好剪辑点，处理好上下两个镜头的关系。

2．音乐剪辑

一部好的影视广告，如果有好的音乐来衬托，那么影片的主体思想、抒发的情感情绪将会得到更好的突显。在剪辑的过程中，音乐剪辑点是以音乐的情绪色彩为基础，以旋律节奏为依据，结合考虑画面造型因素，准确地选择剪辑点。一般来说，音乐剪辑需要解决两个问题：其一是音乐和画面的关系；其二是音乐的拼接组合问题。一般我们把影视广告作品中的音乐分为以下两种类型：

（1）在影视广告作品中，音乐多是为烘托画面气氛、渲染人物情绪而存在的配音。这种可能是特意创作的，但更多情况下是从已有的音乐资源中挑选出来的，在处理配乐的剪辑点时，除了考虑声画关系之外，还要对音乐进行修剪、衔接，使得音乐在基调、色彩、节奏、长短上都与画面相匹配，还要保证音乐本身在衔接转换时和谐流畅、无跳跃感，保持节拍、乐句、乐段旋律的完整性。

音乐剪辑的基本要求是：音乐之间的衔接必须注意旋律的起伏高低、强弱，按照强音接强音、弱音接弱音、强音接弱音、弱音接强音、静音接静音等基本规律来剪辑。剪辑点要准确，否则就会产生听觉上的不流畅。

（2）影视广告作品中出现音乐节目为主的片段场景，这类场景在选择音乐剪辑点时主要考虑画面如何来表现音乐的主题、基调，怎样将音乐节奏视觉化。影视广告《田埂上的梦》中，有一段主人公卓君参加真人秀节目现场的场景，舞台表演中，画面内容服从于音乐内容，人物舞蹈的动作完全随着音乐的节奏而变化，每个剪辑点都选择在音乐的节奏点上，并且通过景别和视觉上的变化获得视觉上的节奏感。

根据音乐的风格决定镜头长度，根据音乐的节奏选择剪辑点，在广告影视广告、专题片影视广告中十分常见。

3．音响剪辑

音响可以理解为除了语言、音

乐之外影片中其他声音的总称，音响与语言、音乐在影视广告作品中是相互交替、补充呼应、互为结合，共同表真、表意、表情的。无论在技术还是艺术上，音响都起到烘托、流畅影片的作用。

影视广告作品中的音响包括客观性音响和主观性音响两种。前者重在写实而后者重在写意，因此，对剪辑的要求也不尽相同。

（1）客观性音响的剪辑。客观性音响是指由镜头中发出的声音，也可以理解为同期声，是和画面一起被摄录下来的，比如画面是海浪拍打礁石，音响则是海浪的声音。常见的客观性的音响剪辑形式主要有：上个镜头画面切出后，音响拖至下个镜头画面上；下一个镜头在画面切入之前，其音响已先于画面出现在上一个镜头的画面中了；在镜头积累剪辑中，如果相连的一组镜头都有客观性音响，那么剪辑时只做画面切换而把音响依次顺延到下一个镜头中去。音响不断叠加，形成和声；音响与画面同时切入切出，这是音响剪辑中最常见的一种手法，十分真实。

（2）主观性音响的剪辑。主观性音响是指镜头中没有的声音，是创作者为渲染气氛、表现情感而人为加入的一种音响。主观音响剪辑点要从剧情出发，根据情绪发展的需要，结合画面的造型元素做出合适的选择。

剪辑点可以说给不同的视听元素提供了可作为剪辑的依据，但是，剪辑点不是唯一的，根据作品的不同、前后画面的不同，剪辑点可以有所变化。正确的剪辑方法也不是唯一的，由于剪辑本身是一项富于创造性的工作，所以，有时也会打破规则，进行一些新的尝试。

三、分剪、挖剪与拼剪

剪辑的一大任务就是对镜头进行裁剪，把原始拍摄的镜头进行分解并重新组合。对镜头的裁剪也是有技巧的，基本上对镜头的裁剪主要通过分剪、挖剪、拼剪来实现。

1．镜头的分剪

分剪是指将拍摄的一个镜头分成两个或两个以上的镜头使用，在被分剪出的两个或两个镜头中插入其他镜头。

分剪的作用基本体现在以下几个方面：

（1）加强戏剧性；
（2）调整不合理的时空关系；
（3）创造紧张气氛和悬念；
（4）增强节奏感。

时间是分剪插接的重要因素，镜头被分剪多次使用时，应将插入动作的时间去除，不可能将一个镜头一分为二直接插入另一个镜头使用，这样会让节奏拖沓。所以，在原镜头的动作及时间点上要特别加以分割、取舍。

2．挖剪

挖剪是指将一个完整镜头中的动作、人和物或运动镜头在运动中的某一部位上多余的部分挖剪去，而不产生画面跳跃感。为了确保动作的连续性和鲜明的节奏感，只有在弥补拍摄时的失误或剧情特殊要求的情况下运用。

挖剪可以分为以下几种情况：

（1）固定性镜头的挖剪，中间挖掉一部分后，仍然是本主体接本主体，镜头固定，主体也是固定的，两点相接处不应有破绽。

（2）运动性镜头的挖剪，将一个运动着的镜头中间不需要的部分挖剪掉。

（3）等距离的挖剪，挖剪的画面和保留的画面各自的长度相等，能使不真实的动作获得真实的效果。

（4）固定性镜头内主体动作的挖剪，准确地选择剪接点，在动作最相似的部位剪接。

3．拼剪

拼剪是将一个镜头重复拼接，是一种在镜头不够长，补拍又不可能的情况下而运用的剪辑手段。比如，把一个运动镜头的起幅截取并不断使用，使之看上去是一个有一定时间长度的固定镜头。

分剪、挖剪和拼剪这三种剪辑技巧是影视剪辑手法中具有实用价值的剪辑技法之一。

四、影视广告转场的处理

影视广告的转场是指句子间、段落间的场景转换。转场有两个作用：一是形成段落隔断，使观众有明显的情节感；二是连续性，将不同时空场景下的时空段落进行联结和统一，但要求视觉上的连贯性，不能让观众觉得镜头变化太唐突，要符合视觉体验，从而形成完整、流畅的影像作品。

（一）影视广告转场划分的依据

影视广告的场景设计中通常分为日景、夜景、外景和内景四个部分，场面的细致划分还可以根据时间段落、空间段落和情节段落来进行。时间段落主要以情节时间的变化来进行场景划分，可以分为早晨、中午、晚上等；空间段落主要以地点的转换进行场景的划分，可以分为校园、宿舍、餐厅、教室等；情节段落主要是指在一个地点但是内部情节发展或变化较大，可以按照情节内容进行分解，比如分为回国前、回国后等。

（二）影视广告转场的分类及技巧

影视广告转场从创作手段上，可分为有技巧转场和无技巧转场。

有技巧转场是指利用光学特效技巧转场，即利用后期剪辑软件中内置的特技滤镜来完成转场，常见的有叠化、淡入淡出、黑场、划像等。在影视广告中，为了表现大场景的转换，最常用的就是淡入淡出的技巧转场。在影视广告《田埂上的梦》中，当主人公卓君在山村小卖部的电视上看到真人秀报名宣传片时，特写镜头推上去后，画面淡出，黑场，场景由山村转场到真人秀比赛现场的舞台上。这种转场方式的恰当使用可以增强画面的表现力，缓解画面的跳跃感，但是过度滥用则会容易造成画蛇添足，破坏作品整体节奏的不好效果。

无技巧转场就是不用技巧手段来"承上启下"，而是用镜头的自然过渡来连接两个段落或者两个场景，常见的无技巧转场的技巧包括以下几种类型：

1．利用承接关系转场

利用上下镜头之间的造型和内容上的某种呼应、动作连续或者情节连贯的关系，使段落过渡顺理成章，有时，利用承接的假象还可以制造错觉，使场面转换既流畅又有戏剧效果。

2．利用相似性因素转场

上下镜头具有相同或相似的主体形象，或者其中物体形状相近、位置重合，在运动方向、速度、色彩等方面具有一致性等，以此来达到视觉连续、转场顺畅的目的。这样的例子在电影中很多。电影《阿甘正传》中，利用相似表情，实现阿甘由现实回忆小时候的场景转换，场景由现在时空转换到小时候的时空（图4-36、图4-37）。

图4-36 《阿甘正传》截图1

图4-37 《阿甘正传》截图2

3．利用特写转场

特写具有强调画面细节的特点，暂时集中人的注意力，特写镜头没有明显的环境特征，因此，特写转场可以在一定程度上弱化时空或段落转换的视觉跳动。人物传记片《海上钢琴师》，这部影片中有若干处特写，其中尤以"一双眼睛"的特写转场，给观众留下了深刻的印象。画面中是婴儿1900的眼睛特写，镜头拉出，完成了主人公由婴儿到儿童的转变，转场简练而又流畅（图4-38～图4-40）。

图4-38 《海上钢琴师》转场截图1

图4-39 《海上钢琴师》转场截图2

图4-41 《罗拉快跑》转场截图1

图4-40 《海上钢琴师》转场截图3

图4-42 《罗拉快跑》转场截图2

4．利用反差因素转场

利用前后镜头在景别、动静变化等方面的巨大反差和对比，来形成明显的段落间隔。这种方法适合于大段落的转换。其常见方式是两极景别的运用，由于前后镜头在景别上的悬殊对比，能制造明显的间隔效果，段落感强。

5．利用遮挡元素（或称挡黑镜头）转场

遮挡是指在上一个镜头接近结束时，镜头被画面内某个形象暂时挡住，形成暂时的黑画面，下一个画面主体又从摄像机镜头前走开，以实现场合的转换。上下两个相接镜头的主体可以相同，也可以不同。主体挡黑通常在视觉上能给人以较强的冲击，同时制造视觉悬念，而且，由于省略了过场戏，加快了画面的叙述节奏。电影《罗拉快跑》中，对同一事件讲述了三种不同的故事情节，在故事情节进行转换的时候，镜头用仰拍的角度拍摄抛到高空的钱袋垂直下落，直至镜头被钱袋挡住，形成暂时黑画面，下一个画面直接切换到第三个设计情节中罗拉家中的电话机，实现了时空场景的转换（图4-41～图4-44）。

图4-43 《罗拉快跑》转场截图3

图4-44 《罗拉快跑》转场截图4

6．利用运动镜头或动势转场

利用摄像机的运动来完成地点的转换或者利用前后镜头中人物等其他的动势可衔接性及动作的相似

性，作为场景或时空转换的手段。电影《罗拉快跑》中，两个情节在进行转场时，前一个画面是高高抛起的红色钱袋，后一个镜头是被高高抛起的电话听筒，利用两个镜头中物体的动势，两个镜头来回切换，当画面停止在听筒回落在红色的电话机上时，时空实现了切换，由上一个故事情节，转换到下一个故事情节的叙事（图4-45～图4-47）。

7. 借助景物镜头作为两个大段落间隔

以景物等镜头转场既可以展示不同的地理环境、景物风貌，又能表现时间和季节的变化。景物镜头又是借景抒情的重要手段，它既可以弥补叙述性素材本身在表达情绪上的不足，为情绪伸发提供空间，同时又可以使高潮情绪得以缓和、平息，从而转入下一段落。

8. 利用主观镜头转场

主观镜头是指借人物视觉方向的镜头，用主观镜头转场就是按前后镜头间的逻辑关系来处理场面转换问题，它可用于大时空转换。影视广告《Leave me》中，大部分的时空切换都是依托于主观镜头，比如，前一镜头是父亲看相机，下一个镜头是儿子停留在不同的时空里（图4-48、图4-49）。

图4-47 《罗拉快跑》转场截图7

图4-48 《Leave me》转场截图1

图4-49 《Leave me》转场截图2

图4-45 《罗拉快跑》转场截图5

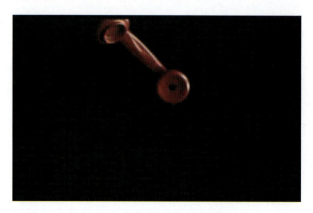

图4-46 《罗拉快跑》转场截图6

9. 利用声音转场

用音乐、音响、解说词、对白等和画面的配合实现转场。具体操作上体现为利用声音先于视频叠加在上一个镜头的末端，有效和更平滑地实现过渡效果。电影《泰坦尼克号》多处利用声音来完成转场，其中，老Rose用她的一句对白："泰坦尼克号被称为'梦幻之船，……"将镜头切换到几十年前登上泰坦尼克号的那一天，实现了由现在时空到过去时空的转场（图4-50～图4-52）。

知识拓展：奥斯卡最佳剪辑是怎样炼成的

图4-50 《泰坦尼克号》转场截图1

图4-51 《泰坦尼克号》转场截图2

图4-52 《泰坦尼克号》转场截图3

转场方式还有许多，比如利用字幕、利用情绪等，所以从这个意义上看，无技巧转场不是不要技巧，而是需要更巧妙的艺术考虑，保证在前期镜头拍摄、安排上要有所设计，有所选择，使得上下镜头具备合理的过渡因素。

五、影视广告剪辑的节奏

在影视广告剪辑方面，无论在叙事剪辑还是表现剪辑中，有一个很关键的元素就是节奏，在影片里面，有些戏会剪得短一点，有些会剪得长一点。通过镜头的剪辑，产生影片的节奏，调整观众压抑与兴奋的观影心理，达到最佳的视听效果。

（一）影视广告节奏的定义与分类

影片的节奏，是指主体运动、镜头长短和组接所形成的影片的长短、起伏、轻重、缓急、张弛的心理感觉。节奏贯穿于整个影视广告剪辑的过程。最基本的节奏是内部节奏和外部节奏。内部节奏也称为叙事性节奏，是由情节发展的内在矛盾冲突或人物的内心情绪起伏而产生的节奏。外部节奏是由画面上一切主体的运动和摄影机运动以及镜头切换的速度而产生的节奏，外部节奏的产生因素包括景别、主体运动、摄像机运动、镜头焦距和剪辑率。剪辑率即镜头转换的频率，它是由那些占有一定长度、一定放映时间的镜头序列中所包容的镜头的数目来计算的。当这一个镜头序列中每个镜头相对都比较长的时候，我们称它为"低剪辑率"；当镜头序列中每个镜头相对都比较短的时候，我们称之为"高剪辑率"。好的节奏剪辑应当做到外部节奏与内部节奏相统一。

（二）影视广告节奏剪辑的影响因素

1. 利用镜头长短创造节奏

利用镜头长短创造节奏的目的是运用不同长度镜头的组接来创造节奏。比如，影视广告《田埂上的梦》结尾处，多个长度为3~5秒的卓君在不同时空的舞蹈画面，展现主人公为了登上舞台所付出努力的场面，快速切换营造了强烈的节奏感，让人感动的同时也禁不住热血沸腾。

2. 利用镜头运动与组接方式创造节奏

镜头运动方式主要包括固定镜头和运动镜头，不同的运动方式往往能够形成不同的节奏特点，如推镜头的节奏感和冲击力更强，也更能突出重点，而拉镜头的运动方式，往往节奏比较舒缓；另外，通过"动接动"和"静接静"，镜头组接方式也能形成不同的节奏，"静接静"往往更为短促有力，而"动接动"往往更为流畅舒缓。

3. 利用声音创造节奏

前面已经提到过，声音中包括对白、音乐与音响。声音元素的有效运用能够对节奏的调整起到直接或间接的作用。激烈的对白能够加快影片的紧张感，使影片节奏加快；没有对白能够增加影片的沉闷感，使节奏变得缓慢。音乐音响同样可以渲染延缓影片节奏，或者通过音乐的节拍变化来丰富节奏。

在处理不同的影视广告类型时，首先要将一个基本的节奏掌握好，就像音乐里的拍子一样，还应该在中间找一些不同的节奏把影片或画面提升。有可能前面的铺垫剪辑会故意剪得很平，平淡到一个点，然后突然变得很快，去抓住观众。很多人按常规理解，功夫片一定节奏很快，但是其实有些功夫片也很慢，比如，电影《英雄》中有一场戏是胡杨林中张曼玉和章子怡的打戏，导演希望有优美的感觉，而不是要厮杀的感觉，因此，剪辑师在影片中把画面放得很长，就像舞蹈一样，把动作显示完整。

这里简单介绍了影视广告剪辑的技巧，合理运用剪辑技巧的前提都是依据各种技巧的表现特点，结合所表达的内容，准确地掌握蒙太奇语言。这些技巧并没有涵盖所有连接镜头、转换时空、分隔段落的手法，技巧是可以不断创造发展的，而且这些技巧本身并没有优劣高下之分，只要是适合内容、体裁、风格样式的方法都是恰当的，也可在原先的基础上进行创造性发挥。

实训项目4.2：如何利用表现蒙太奇剪辑商品广告

1.学习目标

素质目标：培养学生运用马克思主义唯物史观和辩证法思考问题，讲好中国故事。

能力目标：培养学生剪辑中国商品故事的技巧和能力。

知识目标：掌握影视广告剪辑的相关知识。

2.项目描述

学生根据撰写好的分镜头，利用拍摄好的视频素材，进行表现蒙太奇的剪辑。

3.任务实施

第一步，选择自己要推广的商品。第二步，寻找商品的优点。第三步，撰写商品的故事梗概。第四步，设计商品故事的分镜头脚本。第五步，根据分镜头脚本，用3台摄像机完成商品广告的拍摄任务。第六步，进行表现蒙太奇的剪辑。

4.项目测验

对照分镜头脚本，检查剪辑完成的商品视频是否能够表现人物的情绪和叙事的节奏。

5.反思总结

在实际的商品广告剪辑中，如何通过镜头重复表达强烈情感？用300字左右阐释你的观点。

第五章
影视广告摄制流程、综合利用与管理

第一节　影视广告摄制流程

一、影片制作中的职务与分工

制片部门：制片（制片人）、执行制片、联合制片、助理制片、线上制片、制片主任、协调制片、会计师、宣传、剧照师。

剧本编写：编剧（改编，故事梗概或发展前提或故事提要，分场大纲或文学脚本，期权契约）。

导演：助理导演（第一助导、第二助导）、特别助理、场记。

表演：演员（主角、配角、客串演员、群众演员、替身、特技演员、特技指导）。

制作设计：制作设计师（艺术指导）（布景工、搭景协调、油漆工、木工、水泥工、电工、场务领班、场务、场景装饰工、领班、道具与道具管理、场地管理经理、场地探访员）、服装设计组（服装设计师、服装师、裁缝、服装监督）、化妆师、发型师、分镜头绘图师、模型师。

画面创造：摄影指导（电影摄影师或电子影像摄影师）、摄影机操作员（摄影助理）、电工、电气师、灯光师、电工领班、电工助理、场务、吊具场务、电子影像操作员。

声音：声音设计师、麦克风吊杆操作员、混音师（现场混音师、录音师）、音效剪辑师、音效混音师、特殊音效剪辑师、特殊音效师、特殊音效录音师、自动对白补录剪辑师（混音师）、配乐剪辑师、作曲家、指挥家、音乐总监、再录音的混音师。

剪辑：拍摄现场剪辑师、影视规格转换操作员、剪辑师、助理剪辑、线外剪辑师和线上剪辑师、色彩调校师、负片剪辑师、影片录制技师。

特效与视觉效果：特效协调师、烟火技师、视觉特效监督、视觉特效师、动作捕捉摄影师、动作捕捉美术设计师、标题设计师、套色绘图师、3D电脑立体绘图师、美术设计、软件工程师、电脑系统工程师、缩小物设计师、模型师、效果合成监督。

其余工作人员：膳食服务、厨师、交通负责专人。

二、影视广告摄制流程

（1）前期准备。

1）摄制组人员与职责。

①人员：影视广告摄制组构成一般包括影视广告策划负责人、制片人、导演、摄影师、摄影助理、照明师、美术师、道具师、服装师、化妆师、剧务、场工、司机、演员、模特、助理等。

②职责（略）。

2）拍摄前的准备会：制定详细的影视摄制日程表。

（2）正式拍摄：注意把握时间；导演要有凝聚力、尊重他人、把握关键、执着敬业；制片人要有成本意识、程序意识、沟通技巧。

三、后期制作

后期制作阶段一般要经过胶片冲洗、胶转磁、色彩校正、非线编辑、特技处理、三维动画、录音配乐、编辑合成等工序（由摄像机拍摄的VCM没有冲洗、胶转磁工序）。

（1）胶片冲洗与胶转磁。

（2）后期制作设备。

后期高清（HD）编辑系统。有高、中、低端三种类型：

ID（电影数字中间片）生产、HD（高清）母版制作、影视广告片制作；广播级数字高清电视新闻、体育节目制作、电视台节目包装；电视后期制作工作室等Generation Q后期高清（HD）编辑系统、Avid DS Nitris 高清编辑系统、SONY XPRI 非线性节目制作系统。

（3）非线性编辑系统。全数字化、多功能化、无损化编辑。

抽条：即从众多的拍摄镜头中先抽调出相对有用的镜头，作为正式编辑的备用镜头，采集下来后存入非线编辑系统。

初剪：导演根据创意和拍摄的素材，通过反复观看，逐步形成具体的编辑构思，编辑出一个或几个影片的最初方案。

精剪：在初剪的基础上，经过多次修改、调整、重构，剪辑出导演认为最为理想的样片效果。

合成：通过精剪后成为默片的画面，再进行深化处理，最后制作完成的工作样片。这当中要经过再次调色、录音、配乐、科技、动画、时码跟踪、输入、合成、生成、输出等工序。

（4）剪辑要素。视觉冲击力；产品突出；广告的时空感。

技巧合理：景别与效果；动与静。

实训项目5.1：如何规划商品广告拍摄制作流程

1.学习目标

素质目标：培养学生运用马克思主义唯物史观和普遍联系的观点思考问题，讲好中国故事。

能力目标：培养整体把握商品广告拍摄及制作流程的能力。

知识目标：掌握影视广告整体把控的相关知识。

2.项目描述

学生根据商品广告拍摄制作流程，梳理好拍摄制作的每个步骤。

3.任务实施

第一步，梳理商品广告拍摄制作流程。第二步，梳理商品广告拍摄制作人员分工。第三步，梳理商品广告拍摄制作所需要的设备。第四步，合理安排时间、人员和设备的组合。

4.项目测验

对照分镜头脚本，将相同空间的镜头集中到一起，便于在一个空间内集中拍摄制作。

5.反思总结

时间安排、空间安排和演员安排三者中，哪一项是最重要的？请用300字左右阐释你的观点。

※ 第二节 影视广告的综合利用

一、目标与时机

1. 目标的构成

（1）目标的含义有两层：一是接受广告的受众及消费者；二是企业产品的营销目标。

（2）目标战略：首先要定位谁是目标受众或消费者；其次是目标受众或消费者的构成关系，如经济收入、兴趣爱好、生活习惯、分布情况等；最后是企业的营销目标。

2. 目标收视群的特点

（1）不同的电视节目有不同的收视群体。

（2）电影、电视剧、综艺节目成为吸引广大观众及提高收视率的三驾马车。

（3）目标群体对电视节目的反应各有不同。

3. 时机的选择

（1）观众收视习惯。

（2）影视广告与时机。

影视广告的投放时机要根据其具体的产品特征、市场状态及企业的资源整合进行考量。

二、影视广告的媒体战略

1. 媒体战略的内容

（1）媒体的要素。

1）GRP（Gross Rating Point），总收视率，是指在一段时期内各收视率的总和。其单位按百分比来计算。

2）到达率（Reach），表示收视用户的范围比例。

3）频率（Frequency），又称为平均收视率，表示至少收视一次以上用户平均收视的次数。广告主确定在一定的时期内，平均每位目标观众接触到该广告信息的次数，其计算单位是次。

三者指标之间的关系是：到达率×频率＝总收视率。

（2）收视率调查。

1）机械收视率调查。通常是PM调查系统（People Meter），指对家庭进行收视率调查。

2）人工收视率调查。主要是对个人进行收视率调查。

3）广告效果的四种程度。即媒体到达的程度（媒体到达率；媒体平均到达次数；媒体总收视率）；广告到达的程度（广告到达率；广告平均到达次数；广告总收视率）；心理变化程度（品牌知名度比率；内容理解度比率；好感度比率；购买欲比率）；行动程度［准备购买行动率（耐用品）、购买率（非耐用品）、应征率（Premium Campaign）］。

2．媒体计划的拟定原理

（1）认知规律：艾宾浩斯的"遗忘曲线"。

（2）预测广告媒体效果。

1）传播效果预测模式（CSP模式）。该模式为日本电通开发的DMP905系统之一。即制订媒体计划方案的一种计算机编程模式。CSP模式有以下六个特征：可根据不同商品、广告类型选择模式；可预测到行为效果；把广告表现的感染力模式化；考虑到企业形象对选择商品的影响；考虑到与广告以外的促销等因素的关联；考虑到主要市场因素。

在操作中，输入四大媒体及交通媒体的广告信息，可以得到信息传达程度（知名度、理解度、好感度、意图）的广告效果。

2）人工推算模式。

（3）广告播出频率与效果。美国著名广告专家赫勃·克鲁曼认为，消费者是在漫不经心中接触广告的：第一次只了解广告信息的大概；第二次是看广告内容与自己是否有关系，借此考虑自己是否使用广告里出现的产品；第三次对产品加深印象和了解。所以得出，广告播出至少要播放三次的结论。

克鲁曼认为播出六次是最适合的广告频率。

三、综合利用与广告评估

1．影视广告的综合利用

（1）影视广告中人物形象、标志符号、音乐歌曲、文字语言等；

（2）大众媒体（印刷品、广播、报纸、杂志）；

（3）新闻发布会、见面会等；

（4）网络；

（5）户外、交通媒体；

（6）演唱会；

（7）电影、电视剧、DVD、CD；

（8）文化衫、玩具、文具；

（9）其他。

2．广告效果评估

（1）广告信息交流效果。

1）直接评分法（Direct Ratings）。

2）实验测试法（Laboratory Tests）。

3）回忆测试法（Recall Tests）。

另外还有印象评估法、分析评估法、集体反应评估法等。

（2）销售效果评估。销售效果评估分为间接效果评估与直接效果评估两种。

实训项目5.2：如何在媒体中投放广告

1.学习目标

素质目标：培养学生运用马克思主义唯物史观和普遍联系的观点思考问题，传播好中国故事。

能力目标：培养学生信息传播的能力。

知识目标：掌握不同媒体传播的相关知识。

2.项目描述

学生根据不同媒体的传播特点及商品特点，制定商品广告的投放计划。

3.任务实施

第一步，梳理商品广告的基本特点。第二步，梳理不同媒体的传播特点。第三步，确定商品广告投放的基本目标。第四步，制定详细的广告投放计划。

4.项目测验

对照分镜头脚本，将商品广告视频进行不同时间版本的剪辑，便于在不同的媒体中进行传播。

5.反思总结

商品广告视频在媒体的投放中，一周投放几次效果最好？一天投放几次效果最好？请用300字左右阐释你的观点。

※ 第三节 影视广告的管理

一、中国影视广告管理法律法规

（1）《中华人民共和国广告法》，1994年10月27日，由第八届全国人民代表大会常务委员会第十次会议通过。2015年4月24日经第十二届全国人民代表大会常务委员会第十四次会议通过修订，自2015年9月1日起施行。

（2）《广告管理条例》，国发〔1987〕94号。

（3）《药品广告审查办法》。

（4）《酒类广告管理办法》。

（5）《化妆品广告管理办法》。

二、影视广告常用术语简称与英汉对照表（表5-1）

表5-1 影视广告常用术语简称与英汉对照

简称 / 全称	中文
AD Art Director	艺术总监
AE Account Executive	客户主管
BS	卫星电视
CM Commercial Message	电视广播广告、电波广告
CF Commercial Film	用电影胶片拍摄的电视广告
VCM Video Commercial Message	录像电视广告
CM Planner	影视广告策划者
CM Song	广告歌曲
CC Corporate Communication	企业信息交流

政策法规：《中华人民共和国广告法》

政策法规：《广告管理条例》

续表

英文	中文
CI Corporate Identity	企业形象认同
CM Time	广告时间
Copywriter	撰稿人
Corporate Mark	企业标志
Coverage	媒体覆盖
CD Creative Director	创意总监
Continuity	分镜头脚本
F To T Film To Tape	胶转磁
GRP Gross Rating Point	总收视率
HUT Household Using TV	家庭电视收视率
Interactive TV	双向可视电视
Marketing	市场营销
Media	媒介
Media Mix	媒体组合
Narration	配音、解说
Production	（广告）制作公司
Presentation	提案（会）
Product Team	摄制队
Producer	制作人
Publicity	新闻发布会
Regular Spot	固定插播
Rough	草图
Rush	样片
Series Advertising	系列广告
SOM Share Of Market	市场占有率
SOV Share Of Voice	广告占有率
Sizzle Advertising	刺激购买欲的广告，即"吊胃口广告"
Sound Logo	音响标志
SP	促销活动

政策法规：《药品广告审查办法》

政策法规：《酒类广告管理办法》

政策法规：《化妆品广告管理办法》

实训项目5.3：哪些行为在商品广告中是违法的

1.学习目标

素质目标：培养学生运用马克思主义唯物史观和普遍联系的观点思考问题，守好法律底线。

能力目标：培养学生知法用法的能力。

知识目标：掌握广告法律和政策的相关知识。

2.项目描述

学生根据不同商品的特点，遵守相关商品的法律、法规和相关政策。

3.任务实施

第一步，梳理广告法的基本内容。第二步，梳理常见的商品广告违法现象。

4.项目测验

对照商品广告视频与法律条文，判断是否有违法广告法的内容。

5.反思总结

某广告商品号称全球销量第一，是否违反广告法规和政策？请用300字左右阐释你的观点。

References

参考文献

[1] 赵珉，贾庆萍，张正学. 电视摄像实训教程［M］. 北京：中国广播电视出版社，2012.

[2] 贾庆萍，段兰霏，张正学. 非线性编辑实训教程［M］. 北京：中国广播电视出版社，2013.

[3] 孙茜芸，康玉东. 微电影创作教程［M］. 北京：中国传媒大学出版社，2016.

[4] 苏夏. 影视广告教程［M］. 北京：高等教育出版社，2008.

[5] 丁海洋. 电视广告制作与创意［M］. 北京：高等教育出版社，2011.